Stefan Kessler
Feng Shui für Immobilien-Profis

Stefan Kessler

Feng Shui für Immobilien-Profis

Marketingstrategien von morgen

orell füssli Verlag AG

© 2008 Orell Füssli Verlag AG, Zürich
www.ofv.ch
Alle Rechte vorbehalten

Dieses Werk ist urheberrechtlich geschützt. Dadurch begründete Rechte, insbesondere der Übersetzung, des Nachdrucks, des Vortrags, der Entnahme von Abbildungen und Tabellen, der Funksendung, der Mikroverfilmung oder der Vervielfältigung auf andern Wegen und der Speicherung in Datenverarbeitungsanlagen, bleiben, auch bei nur auszugsweiser Verwertung, vorbehalten. Vervielfältigungen des Werkes oder von Teilen des Werkes sind auch im Einzelfall nur in den Grenzen der gesetzlichen Bestimmungen des Urheberrechtsgesetzes in der jeweils geltenden Fassung zulässig. Sie sind grundsätzlich vergütungspflichtig.

Lektorat: Regula Walser, Zürich
Umschlaggestaltung: Andreas Zollinger, Zürich
Fotos: Stefan Kessler und Regula Wetter
Autorenfoto: Gaby Müller, Mels
Druck: fgb • freiburger graphische betriebe, Freiburg

ISBN 978-3-280-05273-0

Bibliografische Information der Deutschen Bibliothek:
Die Deutsche Bibliothek verzeichnet diese Publikation in der Deutschen Nationalbibliografie; detaillierte bibliografische Daten sind im Internet über http://dnb.d-nb.de abrufbar.

In unendlicher Dankbarkeit für Regula Wetter

Inhalt

Vorwort 11

Prolog 13

Begriffsklärungen 18
    Marketing 18
        Marketinggeschichte 20
        Morgenröte fürs Immobilien-Marketing 22
        Grundelemente des Marketings 23
    Feng Shui 25
        Die wichtigsten Grundbegriffe des Feng Shui 26
        Konkrete Anwendungen im Überblick 39
    Berührungspunkte und Synthese 41
        Der Kunde ist König. 41
        Der Austauschprozess – alles ist im Fluss 41
        Ist Feng Shui produktorientiert? 42
        Anwendungsbereiche 43

Mandatsübernahme 45
    Beziehungsviereck managen 45
        Der Makler 46
        Der Auftraggeber 49

    Das Objekt 50
    Die Kaufinteressenten 50

Analysen 52

    Viele Lesearten führen zum Ziel: Standortanalysen 53
        Ganzheitliche Sicht des Feng Shui-Experten 55
    Achtsamkeit: die SWOT-Analyse 62
        Die Feng Shui-SWOT-Analyse 70
        Feng Shui-Analyse-Instrumente 73
        Verkaufsgrund und andere Energieblockaden 75
        Zusammenfassung 77
    Ins grosse Meer eintauchen: Marktforschung und Trends 79
        Marktforschung und Feng Shui 82

Zielsetzungen 85

    Ziele und Marketing 86
        Mögliche Ziele in der Immobilien-Vermarktung 88
    Wu Wei (Nicht-Handeln) 90
        Ziele im Einklang mit sich selbst 91
        Management by Intuition 93
        Visionssuche in Betrieben 95
        Erfolgsfaktor Intuition und der Makler 95
    Segmentierung 96
        Grob- und Feinsegmentierung 96
        Lifestyle-Typologie 97
        Das Sinus-Milieu 98
        Segmentierung für Unternehmen 101
        Feng Shui und die Segmentierung 101
    Positionierung 102
        Positionierung und Feng Shui 104

Marketing-Mix ... 105

Das Produkt ... 107
- Das Produkt «Immobilie» ... 109
- Das Produkt aus Feng Shui-Sicht ... 110
- Produktgestaltung aus Feng Shui-Sicht ... 111
- Produktlebenszyklus ... 122
- Produktinnovation ... 127
- Nomen est Omen ... 129
- Zauberwort «Homestaging» ... 131

Der Preis ... 133
- Preisbildung ... 134
- Preisbildung in der Immobilienbranche ... 136
- Feng Shui und die Preise ... 137

Kommunikation ... 140
- Werbung ... 143
- Public Relations ... 150
- Feng Shui und Logos ... 152
- Verkauf ... 154

Der Feng Shui-Makler ... 159

Die fünf Säulen des Fortschritts ... 160
- Macht des Wissens ... 161
- Self-Marketing ... 161
- Selbstcoaching ... 161
- Netzwerk ... 162
- Spiritualität ... 163
- Spirituelle Kommunikation ... 163

Affirmationen für Makler ... 164
- Affirmationsbeispiele ... 165

Schlussbetrachtung ... 168

Die 15 häufigsten Fragen 170

Epilog 175

Hoffnung 176

Dank 177

Anhang 179

    Angaben zum Autor 179
    Literaturverzeichnis 180
    Links 188

Vorwort

Feng Shui hat mittlerweile auch in westlichen Ländern als Richtlinie beim Gestalten von Lebensräumen seinen festen Platz. Was hat nun aber Feng Shui mit Immobilien-Marketing zu tun? Beide sind sowohl Denkhaltung als auch Werkzeug und stellen den Nutzer in den Vordergrund: Sie setzen sich zum Ziel, das Wohlbefinden desjenigen zu steigern, der eine Immobilie nutzt. Sowohl beim Feng Shui als auch im Immobilien-Marketing geht es nicht um Backsteine, Ziegel und Nägel, sondern vielmehr um die Gestaltung von Lebensräumen, in denen sich Menschen wohlfühlen, sei dies beim Wohnen, Arbeiten, Einkaufen oder bei einer anderen Betätigung. Stefan Kessler hat nun beide in einem Buch vereint und leistet damit einen wertvollen Beitrag für Immobilien-Profis jeglicher Ausrichtung. Für sie lohnt sich eine Auseinandersetzung mit Feng Shui insofern, als dieses Gedankengut zu besseren Projekten, erfolgreicheren Dienstleistungen und zufriedeneren Kunden führen kann. Der Hauptgrund dafür scheint mir die Tatsache, dass Feng Shui den Menschen in den Vordergrund rückt. Gerade diese vermeintliche Selbstverständlichkeit fehlt aber in vielen Bereichen der Immobilienwirtschaft bis heute. Noch zu oft stehen Objekte statt Menschen im Vordergrund, noch immer werden Projekte realisiert, die zwar der Wettbewerbsjury gefallen, vom Nutzer jedoch abgelehnt werden. Würden mehr Immobilien-Verantwortliche den Erkenntnissen des Marketings oder des Feng Shui vertrauen und ihre Arbeit als Dienstleistung am Nutzer interpretieren, könnten viele Misserfolge vermieden werden. Im Buch von Stefan Kessler werden Immobilien-Marketing und Feng Shui anschaulich gegenübergestellt und miteinander verknüpft.

Immobilien-Tätige sind in der Regel objektorientiert und fachkompetent im Bereich des Gebäudes. Das vorliegende Buch ergänzt diese Sichtweise mit nutzungsorientierten Elementen des Immobilien-Marketings und des Feng Shui und ermöglicht damit dem Leser und der Leserin neue, wertvolle Erkenntnisse.

Dr. Roman H. Bolliger, Herbst 2008
Berater für Immobilien-Marketing für Unternehmen
(acasa Immobilienmarketing), Makler (alaCasa.ch)
und den internationalen Markt (Swiss Circle)

Prolog

«Probleme kann man niemals mit derselben Denkweise lösen,
durch die sie entstanden sind.»

Albert Einstein, deutscher Physiker, 1879–1955

Oft werde ich gefragt, warum ich mich als langjähriger und eingefleischter Immobilien-Profi mit Feng Shui befasse. Gerade weil ich mich seit Jahrzehnten mit Immobilien befasse, insbesondere mit Immobilien-Marketing, setze ich mich mit Feng Shui auseinander. Der Frage nachgehend, was eine gute Immobilie sei, stiess ich vor rund 15 Jahren auf das Feng Shui. Natürlich gibt es immer mehrere Gründe, warum man das eine tut und das andere lässt. Mich interessierten schon in der Jugend Kunst und Architektur. Aber auch Philosophie, Psychologie sowie Astrologie zogen mich schon sehr früh in ihren Bann. Somit umfasst meine Tätigkeit als Feng Shui-Berater all meine Interessengebiete und lässt mich meine Potenziale leben.

Im vorliegenden Buch unternehme ich den kühnen Versuch, eine Synthese zwischen Feng Shui und Immobilien-Marketing herzustellen. Sie stellt die Essenz meiner langjährigen Erfahrungen als Makler, Dozent für Immobilien-Marketing und Feng Shui-Berater dar. Im Zentrum stehen die Fragen: Wie kann Feng Shui erfolgreich in der Maklertätigkeit eingesetzt werden und mit welchen Methoden arbeitet ein Makler des Tao? Dabei zeige ich neue Wege in der Vermarktung sowie die spirituelle Dimension in diesem Beruf auf. Jeder Beruf hat seine Tiefe, man sucht nur zu wenig danach. Gerade in der heutigen Zeit sehnen sich viele, insbesondere junge Menschen nach der Sinnhaftigkeit in ihrer Tätigkeit. Im knallharten Immobilienbusiness geht die Menschlichkeit oft vergessen.

Vielleicht finden hier all diejenigen, die auf mehr als nur auf Umsatz und Rentabilität fokussieren, ein paar Antworten auf ihre Fragen. Wer zu grossen Wert auf Umsatz und Gewinn legt, verliert bald einmal die Kunden und Mitarbeiter aus den Augen. Und dies wird sich früher oder später rächen. Produktqualität, Kundenzufriedenheit, Kontaktqualität, Image, Innovation sowie Erhöhung der Verkaufskompetenz, Senkung der Personalfluktuation und -absenzen, Steigerung der Kreativität, der internen Kommunikation und des Teamgeistes sind ebenso wichtige Ziele.

«Ganzheitlichkeit» ist heute ein abgedroschener Begriff. Dennoch verwende ich ihn. Er bedeutet die Berücksichtigung und Integration aller Aspekte, seien es die harten Faktoren, wie die Fachkompetenz und die berufliche Ausbildung, und die sanften Faktoren, die Sozial- und Selbstkompetenzen, sowie die materielle, sichtbare und die geistige, unsichtbare Dimension. Die Synthese von Feng Shui und Immobilien-Marketing zeigt den Weg auf, wie diese Ganzheitlichkeit erreicht werden kann.

Grafik 1: Aufbau eines Marketingkonzeptes

Der deutsche Philosoph Gernot Böhme postulierte es richtig, als er eine «Humanisierung der Architektur» forderte. Es wäre wünschenswert, wenn dieses Buch einen kleinen Beitrag zur Spiritualisierung der Immobilienwirtschaft leisten könnte.

Der Aufbau des vorliegenden Buches entspricht der Vorgehensweise eines Marketingkonzeptes. Bekanntlich beginnt die Marketingplanung mit den Analysen. Diese ermöglichen in der Folge eine realistische Zielsetzung sowie eine Segmentierung und Positionierung. Aufgrund dieser Entscheidung kann der Marketing-Mix erarbeitet werden.

Auf folgende Themen des Marketingkonzepts werde ich nicht eingehen: Strategien, Aktionsplan und Controlling. Vielfach werden die Segmentierung und Positionierung unter den Strategien aufgeführt. Im Immobilien-Marketing werden diese Strategien jedoch aufgrund ihrer Wichtigkeit auf die Ebene der Zielsetzungen erhoben. Ich verzichte deshalb auf ein eigenes Kapitel über die Strategien. Auch auf die beiden letzten Punkte des Marketingkonzepts, Aktionsplan und Marketingcontrolling, gehe ich nicht näher ein, da sich hier keine Synthese zwischen Feng Shui und Immobilien-Marketing ergibt. Feng Shui hat nicht auf alle Marketingfragen eine Antwort.

Feng Shui basiert auf den Lehren des Taoismus. Deshalb wird sich der eine oder andere kritische Leser fragen, ob denn Taoismus und Marketing nicht ein Widerspruch seien, so wie das Heilige und Profane oder das Spirituelle und das Materielle. Grundsätzlich besteht kein Widerspruch! Auch ein Taoist kann ein Unternehmer sein. Er betrachtet aber gewisse Dinge aus einem anderen Blickwinkel. Er wird Unternehmer, weil es seiner Natur entspricht, und nicht, weil er damit die grössten Verdienstmöglichkeiten schafft.

Wie stellt sich nun ein Taoist generell zum Wirtschaftsleben und zum Marketing?

Eine berechtigte Hauptkritik aus taoistischer Sicht besteht darin, dass in der heutigen Zeit der Konsum absolut im Vordergrund stehe, ja sogar der Motor unseres heutigen Wirtschaftssystems sei.

Wie die Marketinggeschichte zeigt, traten durch die Industrialisierung bald einmal Überproduktionen ein. Um diese Überproduktionen abzubauen, musste der Konsum kräftig angekurbelt werden. Damit der Konsum mit der ständig steigenden Produktion Schritt halten konnte, mussten neue Bedürfnisse geweckt und neue Märkte erschlossen werden. Um diesen Konsum weiter anzukurbeln, wurde der Konsumkredit geschaffen. Die Werbebranche spielte bei der Ankurbelung des Massenkonsums eine zentrale Rolle. Der französische Film von Jan Kounen «99 Francs» (2007) zeigt auf eine groteske Art und Weise, wie die dekadente Werbebranche funktioniert. Mit den jährlichen Gesamtwerbeausgaben könnte die Dritte Welt ernährt werden. Die Werbung will uns klarmachen, dass man nur durch Konsum glücklich sein kann. Und viele unterliegen dieser Massenhypnose.

Der Taoist glaubt hingegen, dass wahres Glück, Friede und Erfüllung nur aus der Verbindung mit dem Tao kommen könne. Erfolg bedeutet nicht zwangsläufig Erfüllung. Im Idealfall sind sie jedoch identisch. Taoisten sind aber keineswegs verächtliche Asketen, im Gegenteil! Konsum soll aus wahrer Freude und einem echten Bedürfnis heraus entstehen und nicht aus einem Zwang. Letztlich ist es eine Frage unseres eigenen Wertesystems.

Schon der amerikanische Begründer der Volkswirtschaftslehre, Adam Smith, belehrte uns, dass die Grundlagen der Ökonomie der Egoismus, die Eigeninteressen oder, überspitzt formuliert, die Gier sei. Ein nicht gerade positives Menschenbild, das hier Adam Smith entwirft, zumal er ja ursprünglich Moralphilosoph war. Mit gewissen Anreizsystemen, insbesondere in der Bankenbranche, wurde diese Gier instrumentalisiert und zur Tugend erhoben. Solche Firmenwerte haben ihre Auswirkungen, wie die jüngsten Beispiele aus der Wirtschaft zeigen. Die Eigeninteressen werden über die Firmen- und Gesellschaftsinteressen gestellt.

Der in den letzten 150 Jahren stattgefundene Wertewandel, geprägt durch das heutige Wirtschaftssystem, das System des Eigennutzes, sollte zum Denken Anlass geben. Es ist in gewissem Sinne der Zusammenbruch religiöser, ethischer, sozialer und familiärer Werte. Innerhalb zweier Generationen wurde ein bestehendes Wertesystem über den Haufen geworfen. Ein Chinese erklärte einmal in einem Interview gegenüber einer amerikanischen Zeitung, dass die Chinesen lange Zeit vom Denken Konfuzius', dann vom Kommunismus und heute vom Kapitalismus geprägt wurden.

Der amerikanische Philosoph und Schriftsteller Henry David Thoreau (1817–1862) drückte die unterschiedlichen Werte einmal treffend aus: «Wenn ein Mensch einmal einen halben Tag lang in den Wäldern spazieren geht, weil er sie liebt, dann besteht die Gefahr, dass er als Tagedieb angesehen wird; wenn er dagegen den ganzen Tag als Unternehmer zubringt und diese Wälder abhackt und die Erde vorzeitig kahl werden lässt, so wird er als fleissiger und unternehmungslustiger Bürger betrachtet.»

Affoltern, Herbst 2008
Stefan Kessler

Begriffsklärungen

Marketing

Vermutlich gibt es so viele Definitionen von Marketing, wie es Lehrbücher gibt. Der nicht leicht zu übersetzende Begriff «Marketing» stammt aus dem angelsächsischen Sprachgebrauch (market). Der Schöpfer des Ausdrucks «Marketing» ist vermutlich der amerikanische Dozent Ralph Starr Butler. Als Geburtsstätte gelten die amerikanischen Universitäten, als Geburtszeit wird das Jahr 1905 vermutet. Das erste Buch zum Thema Marketing mit dem Titel «Marketing Methods» erschien 1916 von Ralph Starr Butler. Der Ausdruck Marketing hat drei Sinngehalte oder Dimensionen, die voneinander zu unterscheiden sind:
1) Sachvorgang (tun)
2) Denkhaltung (denken)
3) Eine wissenschaftliche Disziplin und Lehre (forschen)

Der dreifache Sinngehalt des Wortes «Marketing» muss aber trotzdem als Ganzheit betrachtet werden. Darüber hinaus könnte man Marketing auch als Organisationseinheit verstehen. Marketing ist also ein komplexes, gesamtbetriebliches Phänomen. Es ist eine Kombination jener Aktivitäten, die darauf abzielen, Austauschprozesse auf dem Markt zu erleichtern und durchzuführen. Die Bedürfnisse des Kunden werden zum Zentralproblem aller unternehmerischen Entscheidungen und Aktionen, denn das Unternehmen «lebt vom Markt». Dies ist der Kern des modernen Marketings. Der Schweizer Marketing-Pionier Prof. H. Weinhold-Stünzi umschreibt Marketing kurz und bündig als «marktgerichtete und marktgerechte Unternehmungspolitik». Die «American Marketing Association» hat folgende allgemeingültige Definition von Marketingmanagement anerkannt: «Marketingmanagement ist der Planungs- und Durchführungsprozess der Konzipierung, Preisfindung, Förderung und Verbreitung von Ideen, Waren und Dienstleistungen, um Austauschprozesse zur Zufriedenstellung individueller und organisatorischer Ziele herbeizuführen.» Der renommierte Marketingexperte Philip Kotler definiert Marketing folgendermassen:

> «Marketing ist ein Prozess im Wirtschafts- und Sozialgefüge, durch den Einzelpersonen und Gruppen ihre Bedürfnisse und Wünsche befriedigen, indem sie Produkte und andere Dinge von Wert erzeugen, anbieten und miteinander austauschen.»

Marketing sollte aufgrund seiner Bedeutung nicht einfach an eine Abteilung oder Stabsstelle delegiert werden, sondern es ist eine umfassende Chefaufgabe. Um das Marketing, insbesondere das Immobilien-Marketing besser zu verstehen, ist es wertvoll, seine Entstehungsgeschichte zu kennen. Wir sollten uns auch vor Augen halten, dass Marketing erst seit rund hundert Jahren besteht und somit eine sehr junge Disziplin ist. Auch die klassische Nationalökonomie als eigenständige Disziplin ist noch nicht sehr alt. Sie wurde vom ersten grossen Wirtschaftsdenker Adam Smith begründet, der 1776 sein berühmtes Hauptwerk «Wohlstand der Nationen – Eine Untersuchung seiner Natur und seiner Ursachen» veröffentlichte, das allerdings erst 1800 volle Anerkennung fand. Das Marketing kann in vier grosse Entwicklungsstufen und in seine späteren Vertiefungen eingeteilt werden:

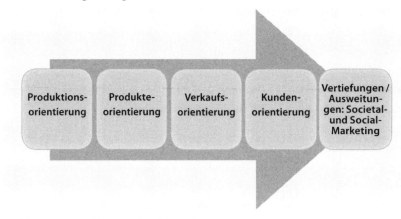

Grafik 2: Die Entwicklungsstufen des Marketings

Marketinggeschichte

Betrachten wir nachstehend die einzelnen Entwicklungsstufen in der amerikanischen Marketinggeschichte. In Europa verbreitete sich das Marketing erst nach dem Zweiten Weltkrieg.

Produktionsorientierung (etwa 1870–1930)

Um die Jahrhundertwende des letzten Jahrhunderts bestand in den USA eine sehr grosse Nachfrage nach Gütern, die nicht befriedigt werden konnte. Durch die Einführung der Massenproduktion, d.h. weg von der Einzelanfertigung (zum Beispiel Henry Ford), konnten die Kosten gesenkt und die Nachfrage befriedigt werden. Es ging also primär um eine effiziente Produktion. Die Marketingleistung, wenn man diese bereits als Marketing bezeichnen darf, bestand in der Distribution, die vermutlich ein Buchhalter nebenamtlich durchführte. Die zentrale Frage lautete: Wie kommt das Produkt (Fabrikoutput) physisch von der Fabrik auf den Ladentisch? Dabei versuchte man erstmals, die verschiedenen Marketinginstrumente zu kombinieren: Produktion, Preisgestaltung und Distribution.

Produktorientierung (etwa 1920–1950)

In dieser nächsten Phase standen nicht mehr die rationelle Produktion, sondern das Produkt und seine Qualität im Vordergrund, also die Marktleistung. Zugegebenermassen ist das Produkt der Kern des Marketings. Doch letztlich bestimmt der Kunde die Qualität eines Produktes. Sicherlich gibt es unterschiedliche Qualitätsperspektiven, aber es hilft nicht viel, wenn ein qualitativ hochstehendes Produkt nicht gekauft wird. Erfinder, die ihrem Forschungsdrang folgen, sind oft sehr stark produktorientiert. Als positives Beispiel sei hier der amerikanische Erfinder Thoma Alva Edison erwähnt. Die General Electric Company profitiert noch heute von seinen Erfindungen.

Verkaufsorientierung (etwa 1930–1960)

Mitte des letzten Jahrhunderts begann sich langsam eine Sättigung bemerkbar zu machen, und es entwickelte sich ein Verdrängungsmarkt: Der Nachfrageüberschuss mutierte zum Angebotsüberschuss, und es entstand ein Käufermarkt. Man verfiel dem Irrglauben, dass mit entsprechenden Verkaufstechniken alles an den Mann bzw. die Frau gebracht werden könne. Dies war die Geburtsstunde des «Hardsellings». Marketing hatte in dieser Phase die Aufgabe, den Verkauf anzukurbeln und die Probleme des Unternehmens zu lösen. Der Verkaufsabschluss war also wichtiger als die Kundenzufriedenheit.

Kunden- und Marktorientierung (ab etwa 1960)
«Mach, was sich gut verkaufen lässt, und versuche nicht zu verkaufen, was du halt gerade machst», lautete ab den Sechzigerjahren die neue Devise. Damit wurde eine völlig neue Bedeutung des Marketings eingeläutet. Marketing wurde zu einer Denkweise und Geisteshaltung und als Unternehmens- und Führungsphilosophie angesehen (Ralph Cordiner, ehemaliger CEO General Electric). Es wechselte vom Hersteller- zum Marktstandpunkt, d.h. zum nachfrageorientierten Marketing.

Der Hauptzweck des nachfrageorientierten Marketings ist, Problementdecker und Problemlöser der Marktpartner zu werden. Das Interesse richtet sich auf die Bedürfnisse, Gewogenheiten und Wünsche der Konsumenten. Marktorientierung bedeutet Marktnähe und intensive Tuchfühlung mit dem Kunden, systematischer Marktbezug und bewusste Ausrichtung des eigenen Verhaltens auf die wichtigsten Marktpartner. Die aktive Mitgestaltung des Marktes erfordert ein Markt- und Trendfeeling, um sich über den Bedarf, die Erwartungen und die Kaufkraft der Verbraucher ein genaues Bild machen zu können. Dass diese Auffassung von Marketing nichts mit den vorherigen Entwicklungsstufen zu tun hat, ist selbstverständlich. Theodore Levitt (1925–2006) traf den Nagel auf den Kopf, als er von der «Marketing-Myopie» sprach: «Man ist so geblendet von den eigenen Produkten, dass man den Markt und die Bedürfnisse gar nicht sieht.»

Erweiterungen der Marketingidee (ab etwa 1970)
Die Marketingidee wurde in den letzten Jahrzehnten in zwei Dimensionen weiterentwickelt: einerseits in den Anwendungen (Social-Marketing) und andererseits bei den Beziehungsgruppen (Societal-Marketing). Heute wird das Marketing auch für soziale Anliegen von Non-Profit-Organisationen angewendet: Hilfswerke, Kirchen, Universitäten, politische Parteien, Spitäler usw. Aber auch gesellschaftliche Anliegen und Gemeininteressen werden vermehrt in der Un-

ternehmenspolitik mitberücksichtigt. Zum Beispiel will der Konsument heute keine Kleider mehr kaufen, die durch Kinderarbeit hergestellt werden. Ebenso akzeptiert der Bankkunde nicht, wenn seine Hausbank umstrittene Staudammprojekte mitfinanziert. Die Realisierung von Grossprojekten in sensiblen Gegenden, zum Beispiel Shoppingcentern, ist schwierig, auch wenn sie baurechtlich möglich wäre. Auch tut man gut daran, sich zu überlegen, welche Baumaterialien verwendet werden sollen. Fensterrahmen aus Edelhölzern kommen unter Umständen nicht gut an, auch wenn sie schick aussehen. Die Gesellschaft akzeptiert ein solch ethisch fragwürdiges Verhalten nicht mehr. Zudem sind die Konsumenten heute viel aufgeklärter und informierter als früher.

Morgenröte fürs Immobilien-Marketing
Den Begriff Immobilien-Marketing definiert Prof. Dr. Bernd Falk folgendermassen: «‹Immobilien-Marketing› ist ein Prozess im Wirtschafts- und Sozialgefüge, durch den Einzelpersonen und Gruppen ihre Bedürfnisse und Wünsche befriedigen, indem sie Immobilienprodukte und immobilienspezifische Dienstleistungen von Wert erstellen, anbieten und miteinander austauschen.»

Wie entwickelte sich nun das Immobilien-Marketing in den letzten Jahrzehnten? Und in welcher Phase befindet es sich heute? Die *produktionsorientierte* Phase herrschte sicherlich in den Jahren, als das Bevölkerungswachstum am stärksten war. In der Schweiz war dies zwischen 1950 und 1970. Insbesondere in den Sechzigerjahren galt es, Wohnraum für die grossen Einwanderungsströme aus dem Süden bereitzustellen. Die Nachfrage war gross, und es mussten möglichst schnell viele kostengünstige Wohnungen produziert werden. Es entstanden riesige Siedlungen. In den letzten Jahrzehnten wurde die Bauindustrie extrem rationalisiert. Die Nachteile sind sichtbar: erhöhtes Unfallrisiko auf der Baustelle, zu kurze Austrocknungszeiten der Bauten, tiefere Baukosten, dafür höhere Baunebenkosten.

Die *produktorientierte* Phase kann nicht direkt als Phase bezeichnet werden, sondern es handelt sich hier mehr um eine hartnäckige Denkhaltung, die heute noch weit verbreitet ist. Je technischer die Produzenten sind, umso weiter entfernt sind sie in der Regel vom Markt. Gerade die Architekten bestimmen das Produkt nach ihrem Gusto, unbeachtet der effektiven Wohnbedürfnisse. Schliesslich wollen sie mit ihrer Architektur Kunst und mediengerechte Inszenierungen machen. Andererseits fehlt es der Branche an Innovationskraft und technologischen Entwicklungen, insbesondere wenn man bedenkt, wie sich andere Branchen in den letzten 20 Jahren entwickelten.

Die *verkaufsorientierte* Phase trat ein, als der Markt zum Erliegen kam: Man blieb auf seinen Objekten sitzen. Der Kunde diktierte den Markt. In der Schweiz geschah dies Anfang der Neunzigerjahre. Die Lösung sah die Branche darin, dass die Verkäufer in Trainingskurse geschickt wurden. Aggressive Verkaufstechniken sollten das Problem der Produzenten lösen. Lange Zeit herrschte diese alberne Ansicht vor. Die Architekten planten und bauten, dann kamen die Verkäufer hinzu, um die Objekte zu verkaufen. Führte dies nicht zum gewünschten Erfolg, wechselte man die Verkäufer aus, ohne sich zu hinterfragen, ob vielleicht die Häuser schlecht waren.

Seit ein paar Jahren findet langsam ein Umdenken statt. Marketing wird auch in der Immobilienbranche zum Thema. Dies zeigt sich darin, dass in der Schweiz in sämtlichen Immobilienlehrgängen das Fach Marketing seinen festen Platz hat. Langsam wird heute die verkaufsorientierte von der *kunden- und marktorientierten* Phase abgelöst. Man baut nicht nur vier Wände und ein Dach, sondern man schafft Geborgenheit, Sicherheit und Prestige! Auch in der Immobilienbranche macht man sich langsam Gedanken darüber, was die Kunden eigentlich gerne hätten. Leider fehlt es oft an Mut, neue Wege zu gehen. Feng Shui könnte hier wesentlich helfen.

Grundelemente des Marketings

Obwohl es unterschiedliche Definitionen und Auffassungen über Marketing gibt, sind die Grundelemente branchenunabhängig und immer dieselben. Wer sich mit Marketing beschäftigt, muss sich mit fünf Bereichen auseinandersetzen (siehe Grafik Seite 24).

Die Kernfragen, die sich ein Makler stellen sollte, leiten sich aus den Grundelementen ab:
- In welchem *Markt* möchte ich aktiv werden? Welche Marktteilnehmer sind in diesem Markt schon vorhanden? Wie präsentieren sich die Marktstrukturen? Der Markt besteht aus allen effektiven und auch potenziellen Käufern sowie aus der Konkurrenz. Er ist der Ort des Tausches, da, wo sich Nachfrage und Angebot treffen.

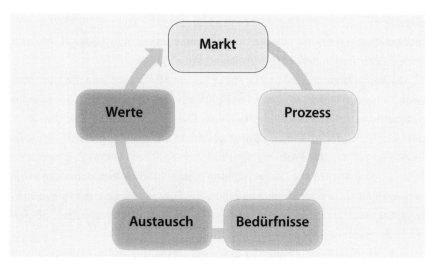

Grafik 3: Die Grundelemente des Marketings

- Wie gestalten sich die *Prozesse*? Wie muss ich als Marktteilnehmer diesen Marketingprozess gestalten? Jede Branche funktioniert anders und hat ihre Eigenheiten, die es zu berücksichtigen gilt.
- Welche *Bedürfnisse* haben die Marktteilnehmer, und wie kann ich sie befriedigen? Bedürfnisse und Wünsche von Menschen sowie Produkte, die diese erfüllen können, sind notwendige Voraussetzung des Marketings. Bedürfnisse werden oft mit der Bedürfnishierarchie vom amerikanischen Psychologen Abraham Maslow dargestellt.
- Wie funktioniert der *Austausch*, die Kommunikation? Ich kann kommunizieren, dass ich dies oder jenes Haus zum Verkauf feilhabe, und der Markt reagiert darauf. Es kommt zu einem Abschluss. Das Haus wird gegen Geld getauscht. Marketing wird gerade deshalb auch oft als Austauschprozess definiert. In der Immobilienbranche hat zum Beispiel das Internet einen enormen Stellenwert in der Kommunikation erhalten.
- Welche *Werte* haben die Marktteilnehmer? Wie sieht das Wertsystem der Teilnehmer aus? Wir alle haben unser Wertsystem, sind uns meistens zu wenig bewusst, wie es entstanden ist. Aber all unsere täglichen Entscheidungen treffen wir aufgrund unseres Wertsystems. Zum Beispiel: Wenn uns die Ökologie am Herzen liegt, sind wir bereit, mehr für ökologische Pro-

dukte zu bezahlen, zum Beispiel für ökologische Heizsysteme. Letztlich werden immer Werte ausgetauscht (Produkt gegen Geld).

Bei all diesen Kernfragen ist es wichtig, sich bewusst zu machen, dass wir vieles im Marketing auch steuern können. Marketing ist kein gegebener Prozess, dem wir hilflos ausgeliefert sind.

Feng Shui

Es ist bekannt, dass Feng Shui aus China stammt und über eine sehr lange Tradition von einigen Tausend Jahren verfügt. Aber was Feng Shui genau ist, diese Kenntnis entzieht sich vielen. Kurzdefinitionen sind immer etwas problematisch. Man könnte Feng Shui wie folgt definieren: «Feng Shui ist die Kunst, den Raum und die Umgebung so zu gestalten, dass sie den Menschen unterstützen und fördern.» Feng Shui ist also mehr als nur Architektur, es bezieht weitere Disziplinen mit ein, zum Beispiel die modernen Lehren der Architekturpsychologie und -soziologie. Aber auch die Astrologie und Numerologie werden berücksichtigt.

Das philosophische Fundament des Feng Shui ist der Taoismus. Ohne diese Grundlage, die im Buch «Europäisches Feng Shui für eine neue Wohnkultur» ausführlich beschrieben ist, kann man das Feng Shui in seiner Ganzheit nicht richtig erfassen. Von zentraler Bedeutung ist, dass die chinesische Philosophie sehr humanistisch ist, der Mensch steht immer im Mittelpunkt. Das gilt auch für das Feng Shui: Es geht primär um den Menschen bzw. Bewohner und nicht um den Architekten oder um ein Kunstwerk. Im Idealfall kann das Bauwerk die Bewohner unterstützen und zugleich ein Kunstwerk sein. Einige Grundbegriffe des chinesischen Denkens sind für das Verständnis unabdingbar:

- Yin und Yang, die beiden polaren Kräfte, die letztlich wiederum als Einheit zu verstehen sind.
- «Chi», die in allem innewohnende Lebensenergie
- Die Wandlungsphasen bzw. die fünf Elemente
- Das «Tao»: Logos, Sinn, Kosmos, Weg, das Absolute. Das Tao ist nicht als Gott zu verstehen. Der Taoismus ist «nicht-theistisch» (J.C. Cooper).
- Das Bagua (Ba = acht, Gua = Trigramm), die acht Prinzipien bzw. Trigramme aus dem I Ging (Buch der Wandlung)

Im folgenden Kapitel betrachten wir die wichtigsten Grundbegriffe etwas näher.

Die wichtigsten Grundbegriffe des Feng Shui

Nachstehend werden die zentralen Begriffe des Feng Shui erläutert. Sie sind für das Verständnis unerlässlich und kommen im Verlaufe des Buches immer wieder vor.

Yin und Yang

Das Yin-Yang-Konzept ist die älteste Idee der chinesischen Philosophie. Yin und Yang sind die beiden polaren Kräfte, die durch ihr Wechselspiel und ihre Interaktion das ganze Universum erschaffen. Yin kann als der weibliche Aspekt der Schöpfung betrachtet werden, Yang als der männliche. Diese Polarität drückt sich auf allen Ebenen aus. Wir kennen warme und kalte Farben, harte und weiche Materialien, runde und eckige Formen usw. Yang-Räume sind Räume, in denen Aktivitäten stattfinden (Wohnzimmer, Küche), in Yin-Räumen ist man eher passiv (Schlafzimmer, Nasszellen, Meditationsraum usw.).

Yin	Yang	Yin	Yang
Weiblich	Männlich	Westen	Osten
Schwarz	Weiss	Wasser	Feuer
Rund	Eckig	Kalt	Warm
Dunkel	Hell	Feucht	Trocken
Nacht	Tag	Winter	Sommer
Mond	Sonne	Erde	Himmel
Finsternis	Licht	Tod	Leben
Weich	Hart	Chaos	Ordnung
Negativ	Positiv	Intuition	Analytisch
Tal	Berg	Unbewusst	Bewusst
Norden	Süden	Moll	Dur

Tabelle 4: Gegensätzliche Ausprägungen von der Ur-Polarität Yin und Yang

Die Konzeption von Yin und Yang liegt weit zurück und ist sogar älter als der Taoismus. Man findet bereits im I Ging (Buch der Wandlungen) die permanenten Veränderungen der Welt, die durch diese polaren Urkräfte hervorgerufen werden.

Das bekannte Tai-Chi-Symbol (Yin-Yang-Diagramm), das vom Philosophen Chou Tuni-i (1017–1073) geschaffen wurde.

Auch in der westlichen Tradition kennen wir die Dualität gut und böse. Allerdings sieht der Westen darin keine Einheit und sich gegenseitig bedingende Gegenstücke, sondern es sind sich bekämpfende, unvereinbare Gegenpole. Das Gute kann nur siegen, wenn das Böse ausgerottet wird. Das Ignorieren der Yin-Seite bzw. der dunklen Seite ist eine Verirrung des Christentums. Es ist wichtig, dass man in den grossen Gegensätzen die «harmonische Einheit» erkennt. Die beiden Kräfte sind voneinander abhängig, komplementär und können nicht selbstständig existieren. Der Yin-Yang-Anteil sollte auch in der Architektur einigermassen ausgeglichen sein, in Form, Farbe und Material.

Im Management können wir das japanische 7S-Modell von Richard Pascale und Anthony Athos heranziehen, das harte (Yang) sowie auch weiche (Yin) Faktoren beinhaltet:
- *Yang:* Struktur (Organisation), Strategie (Produkt, Markt) und Systeme (Planung, Kontrolle) – das kalte Dreieck genannt
- *Yin:* skills (Fähigkeiten, Qualifikationen), staff (Mitarbeiter) und style (Kultur: Führungsstil, Betriebsklima), shared values (Vision, Selbstverständnis: Ziel und Wertsystem) – das warme Viereck genannt

Dieses Modell brachte viele Manager zur Einsicht von Laotse: «Das Weiche siegt über das Harte, das Schwache siegt über das Starke.» (Tao-te-King, Vers 36) oder «Dass Schwaches das Starke besiegt und Weiches das Harte besiegt, weiss jedermann auf Erden, aber niemand mag danach zu handeln» (Vers 78). Auch im Management gibt es instrumentelle und eben auch spirituelle Techniken.

Chi

Der nur schwer übersetzbare und zentrale Begriff «Chi» ist nach taoistischer Auffassung die vitale Energie, die Lebenskraft, der Geist, der alles durchdringt und belebt. Auch andere Kulturen kennen ähnliche Begriffe, wie zum Beispiel Prana, Ki, Pneuma usw. Physiker wie Fritjof Capra und Nils Bohr vergleichen Chi mit dem Quantenfeld. Chi spielt im Feng Shui, in der traditionellen chinesischen Medizin (TCM), im Qi Gong, Tai Chi und in den chinesischen Kampfsportarten eine zentrale Rolle. Es geht darum, dass das Chi, die Energie, ins Haus fliesst, sich hier optimal ausbreitet und auch eine gewisse Zeit im Raum verbleibt. Ist das Energieniveau entsprechend hoch, sprechen wir von einer guten Raumatmosphäre. Der Feng Shui-Experte gestaltet den Aussenbereich, die Fassade, den Eingang sowie die Innenräume so, dass der Chi-Fluss gewährleistet ist. Ist ein Raum, in dem wir uns mehrere Stunden pro Tag aufhalten, mit Chi unterversorgt, kann das langfristig negative Folgen haben: permanente Müdigkeit, Abgespanntheit, fehlende Motivation, Krankheitsanfälligkeit, Gereiztheit usw. Das Energieniveau kann mittels Pendel, Wünschelrute oder Tensor gemessen werden. Quantifiziert werden die feinstofflichen Energien mittels Bovis-Einheiten (BE).

Die Fünf-Elemente-Lehre

Im Westen kennen wir die klassische Vier-Elemente-Lehre: Feuer, Erde, Luft und Wasser. Sie geht auf die frühen griechischen Philosophen Thales (Wasser), Anaximenes (Luft), Heraklit (Feuer) und Anaximander (Erde) zurück. Empedokles, Platon sowie Aristoteles entwickelten das System weiter. Paracelsus baute die Lehre aus, indem er ihr Naturgeister zuordnete. Auch die westliche Astrologie bedient sich der Vier-Elemente-Lehre. Nachfolgende Tabelle gibt eine kurze Übersicht zur *westlichen* Elementenlehre:

Element	FEUER	WASSER	LUFT	ERDE
Farbe	ROT	BLAU	GELB	GRÜN
Typologie nach C.G. Jung	Intuition	Fühlen	Denken	Empfindung/ real
Typologie nach Lavater/Gall	cholerisch	melancholisch	sanguinisch	phlegmatisch
Aggregat-Zustand	plasmatisch	flüssig	gasförmig	fest
Energiefluss	extravertiert aktiv	introvertiert passiv	extravertiert aktiv	introvertiert passiv
Bewusstseins- bezug	Subjekt ICH	Objekt DU	Subjekt ICH	Objekt DU
Hauptbegriffe	KRAFT	ANPASSUNG	AUSTAUSCH	BESITZ
Astrologischer Prototyp	Widder	Krebs	Waage	Steinbock
Himmelsrichtung	Süden	Westen	Osten	Norden
Erzengel	Michael	Gabriel	Raphael	Auriel
Evangelist	Markus	Johannes	Matthäus	Lukas
Tiere der Apokalypse	Löwe	Adler (Skorpion)	Engel (Mensch)	Stier (Ochse)
Paradiesfluss	Euphrat	Pison (Indus)	Gihon (Ganges)	Hyddekel (Tigris)
Natur- Philosophen	Heraklit	Thales	Anaximenes	Anaximander
Elementargeister nach Paracelsus	Salamander, Vulkangeister	Undinen, Sybillen, Nixen, Neptun	Sylphen, Sturmgeister	Gnome, Wichtel, Troll, Elfen, Devas, Faune
Platonischer Körper	Tetraeder	Ikosaeder	Oktaeder	Würfel
Kabbalistische Welten	Atziluth	Briah	Jetzirah	Assiah
Gottes Name Tetragrammaton	Yod	Heh	Vau	Heh
Tarotsatz	Szepter / Stäbe	Kelch	Schwert	Münze/Pentakel
Keltische Insignien	Lanze	Gral	Excalibur	Schale
Magische Maximen	Wollen	Wissen	Wagen (Tun)	Schweigen

Tabelle 5: Die vier westlichen Elemente und ihre Entsprechungen

Diese Tabelle liesse sich beliebig ergänzen. Aristoteles sah im Äther, der den Elementen zugrunde liegt, die Quintessenz (Energie).

Im Gegensatz zur Vier-Elemente-Lehre kennen wir in China die Fünf-Elemente-Lehre. Diese ist im chinesischen Denken zentral und somit auch im Feng Shui. Die beiden Systeme sind aber nur bedingt vergleichbar und dürfen auch nicht miteinander vermischt werden. Aus der Kombination von Yin und Yang gehen die fünf Elemente hervor: Holz, Feuer, Erde, Metall und Wasser. Die fünf Elemente dürfen nicht statisch betrachtet werden, sondern sind dynamisch zu verstehen. Deshalb spricht man auch von den fünf Wandlungsphasen im Sinne eines zyklischen Prozessablaufes. Interessant ist, dass dieser zyklische, prozesshafte Ablauf auf alle Gebiete modellhaft angewendet werden kann, nicht nur auf die chinesische Medizin und Astrologie sowie auf das Feng Shui, sondern auch auf das Management. Veranschaulichen lässt sich dieser Zyklus anhand der Jahreszeiten:

Element	Jahreszeit	Qualität
Holz Kleines Yang	Frühling	Aufbruch, Beginn, Expansion, Neubeginn, Wachstum, Entwicklung
Feuer Grosses Yang	Frühsommer	Aktion, Intensität, Wärme, Licht, Vitalität, Dynamik, Kampfgeist
Erde Mitte	Spätsommer	Konsolidierung, Frucht, Resultat, Sammeln, Ordnen, Realität, konservativ, stabilisierend
Metall Kleines Yin	Herbst	Reife, Stärke, Macht und Erfolg, Verdichtung, Kondensation, kontrahierend
Wasser Grosses Yin	Winter	Ruhe, Auflösung, Betrachtung, der luftleere Raum vor dem Neubeginn, Loslassen, Krisenzeiten

Tabelle 6: Die Wandlungsphasen im Jahreszyklus

Ganz wichtig für das Verständnis und vor allem für die Anwendung ist die Beziehungsdynamik der einzelnen Elemente untereinander, insbesondere im Bezug auf die Kombinationen von Form, Farbe und Material. Im Ernährungs- oder Förderungszyklus, Reihenfolge im Uhrzeigersinn, fördert das vorhergehende Element immer das nachfolgende:

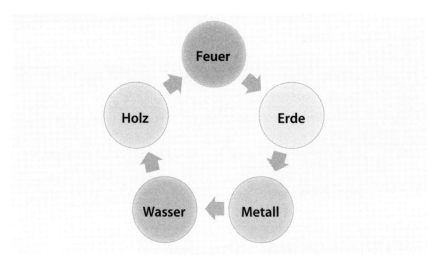

Grafik 7: Der Ernährungszyklus der fünf Elemente, im Uhrzeigersinn

Das Holz fördert das Feuer, das Feuer die Erde, die Erde das Metall und das Metall das Wasser. Dem Ernährungszyklus steht der Kontrollzyklus gegenüber: Wasser löscht das Feuer, das Feuer schmilzt das Metall, das Metall (Axt) spaltet das Holz, das Holz durchbohrt die Erde, und die Erde dämmt das Wasser ein.

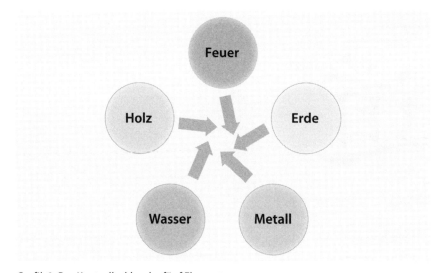

Grafik 8: Der Kontrollzyklus der fünf Elemente

In Bezug auf die Kombinationen von Form, Farbe und Material sind folgende Entsprechungen wichtig:

Element	Form	Farbe	Material
Holz	Säulen, zylindrisch	Grün, Blaugrün	Holz, Parkett
Feuer	Pyramidenform, spitzig	Rot, Orange, Purpur	Leder, Kunststoff
Erde	Quaderformen, rechteckig	Gelb, Braun, Ocker	Stein, Beton, Keramik
Metall	Kuppelform, Kreis, rund	Weiss, Grau, Silber	Metall: Eisen, Chrom
Wasser	Irreguläre Formen, fliessend	Blau, Schwarz	Glas

Tabelle 9: Die fünf Elemente in Form, Farbe und Material

Aufgrund dieser Entsprechungen wird verständlich, dass zum Beispiel ein Dreieck (= Feuer) nicht unbedingt in blauer Farbe (= Wasser) sein darf. Besser wäre die Farbe Rot oder Grün. Auf diesem Hintergrund empfehlen Feng Shui-Berater auch, dass der Herd (= Feuer) nicht zu nahe dem Spültrog (= Wasser) platziert werden soll. Auch ist die Kombination von Holz und Metall eher unglücklich.

Taoismus

Das chinesische Schriftzeichen «Tao» (Weg)

Wie wir bereits gesehen haben, hat das Feng Shui seine geistigen Wurzeln im Taoismus. Wer sich vertieft mit Feng Shui befassen will, kommt nicht umhin, sich mit dem Taoismus zu beschäftigen. Der Taoismus ist eine selbstständige und authentische chinesische Philosophie, die sich im 3. Jahrhundert in gewissen taoistischen Schulen zu einer Religion entwickelte. Die Grenzen zwischen Philosophie und Religion sind fliessend. Was als Taoismus bezeichnet und was darunter verstanden wird, ist sehr weitläufig und umfasst ein breites Spektrum. Einerseits ist es eine philosophische Geistesströmung, bis hin zu unzähligen meditativ, religiös geprägten Bewegungen, andererseits werden darunter auch Alchemie und magische Praktiken verstanden. Der Legende nach war der Begründer des Taoismus Laotse. Seine Existenz ist jedoch historisch nicht belegt. Die wichtigste Schrift des Taoismus ist der «Tao te King», die ebenfalls Laotse zugeschrieben wird. Die heutige Wissenschaft geht aber davon aus, dass das Werk aufgrund seiner Struktur und Sprache von verschiedenen Autoren stammt. Die wichtigsten Vertreter des Taoismus sind Dschuang Dsi (365–290 v. Chr.) sowie Liä Dsi (etwa 450 v. Chr.). Im Zentrum des Taoismus steht das Tao. Das Wort «Taoismus» stammt von dem zentralen Begriff «Tao» ab, was wörtlich übersetzt «Weg» bedeutet; den Weg, den ich suchen und gehen kann. Im übertragenen Sinne kann man darunter auch eine bestimmte Verhaltens- und Handlungsweise verstehen: «Weg des Weisen» oder «Weg des Königs». Noch abstrakter bedeutet Tao die Wirkungsweise der Natur, das Prinzip, der Logos oder der unergründbare Grund, das Numinose. Die drei klassischen Bücher des Taoismus (Tao-te-King, Dschuang Dsi und Liä Dsi) lassen eine ganz bestimmte Haltung zum Leben und mir selbst, meiner wahren Natur, erkennen. Dabei spielt der Begriff «Wu Wei» eine wichtige Rolle, auf den wir später zu sprechen kommen. In China beeinflusst der Taoismus die Kultur in vielen Bereichen, sei es in der Politik, Wirtschaft, Philosophie, Medizin, Literatur, Musik, Kampfkunst und der Ernährungslehre.

I Ging

Das «I Ging», das Buch der Wandlung, ist wohl eines der ältesten Weisheitsbücher der Welt. Es enthält die gesamte Kosmologie und Philosophie des alten China und basiert auf der Vorstellung der beiden polaren Kräfte von Yin und Yang, die durch ihre Interaktion den Wandel erzeugen. Das Grundgerüst des Buches bilden die acht Trigramme (Bagua), die aus gebrochenen oder ungebrochenen Linien bestehen:

Yin:	Yang:
⎯⎯ ⎯⎯	⎯⎯⎯⎯⎯

Grafik 10: Yin und Yang in Linien dargestellt, durchgehend und durchbrochen

Aus der Kombination von Yin und Yang werden die acht Trigramme gebildet:

Vater Chien **Himmel**	Tochter Tui **See**	Tochter Li **Feuer**	Sohn Chen **Donner**	Tochter Sun **Wind**	Sohn Kan **Wasser**	Sohn Ken **Berg**	Mutter Kun **Erde**
⎯⎯	⎯ ⎯	⎯⎯	⎯ ⎯	⎯⎯	⎯ ⎯	⎯ ⎯	⎯ ⎯
⎯⎯	⎯⎯	⎯ ⎯	⎯ ⎯	⎯⎯	⎯⎯	⎯ ⎯	⎯ ⎯
⎯⎯	⎯⎯	⎯⎯	⎯⎯	⎯ ⎯	⎯ ⎯	⎯⎯	⎯ ⎯

Tabelle 11: Die acht Trigramme des I Ging

Wiederum aus der Kombination der acht Trigramme ergeben sich die 64 Hexagramme (Sechserlinien) bzw. Bilder. Sie stellen 64 Lebenssituationen dar. Dazu ein Beispiel:

```
    ⎯⎯⎯
    ⎯⎯⎯
    ⎯⎯⎯           Oberes Trigramm: Der See

    ⎯ ⎯
    ⎯⎯⎯
    ⎯⎯⎯           Unteres Trigramm: Der Himmel
```

Grafik 12: Hexagramm Nr. 43, «Der Durchbruch». Durchbruch bedeutet Entschiedenheit.

Das I Ging lässt sich nicht einer Einzelperson zuschreiben, mehrere Persönlichkeiten haben hier mitgewirkt: Fu Hsi, König Wen, Herzog von Chou und traditionellerweise Konfuzius, was einige Sinologen bestreiten. Obwohl das Werk oft als Orakel betrachtet und auch benutzt wird (mit der Schafgarbenstängel- oder der einfacheren Münzenmethode), ist es doch eigentlich ein Weisheitsbuch. Eine der Hauptquellen des Feng Shui ist bestimmt das I Ging.

Bagua

Der Begriff «Bagua» stammt aus dem I Ging und bedeutet die acht Trigramme, die den acht Himmelsrichtungen zugeordnet werden können. Im Feng Shui versteht man darunter ein neunteiliges Raster, mit dem ein Grundriss (Geschoss, aber auch Zimmer) oder ein Grundstück analysiert werden kann. Den acht Trigrammen werden Lebensbereiche zugeordnet. Die Mitte, das neunte Feld, stellt das Zentrum dar: meine eigene Mitte und somit die Gesundheit.

DU-Ebene

Segen Reichtum Finanzen	Soziale Anerkennung Ruhm Erleuchtung	Partnerschaft Ehe Zweierbeziehung
Familie Eltern Lehrer Wegbereiter	Einheit Essenz Gesundheit ZENTRUM	Kinder Projekte Kreativität Ideen
Weisheit Wissen Bewusstwerdung Urvertrauen	Vision Lebensfluss Karriere Lebensweg	Helfer Freunde Kollegen Unterstützung
↑	↑	↑

Ich-Ebene

← Vergangenheit → Zukunft
← Ursprung → Perspektive

Eingangsebene

Grafik 13: Das 3-Türen-Bagua

Beim 3-Türen-Bagua starte ich meinen Lebensweg auf der Ich-Ebene und entwickle mich zum gegenüberliegenden Bereich «Erleuchtung» oder soziale Anerkennung (Du-Ebene). Dort habe ich meinen Platz im Leben gefunden. Mein Entwicklungsweg geht also von der Ich- zur Du-Ebene und startet in der Zone «Vision und Lebensfluss». Auf diesem Weg unterstützen mich Mittel aus dem linken und rechten Bagua-Bereich: mein Wissen, mein Urvertrauen sowie meine Freunde und Helfer (bewusstes und unbewusste Mentoring). Meine Ressourcen dazu liegen in der Vergangenheit, in meiner Herkunftsfamilie. In die Zukunft führen mich meine Ideen, meine Kreativität sowie all meine Projekte. Links befindet sich immer die Vergangenheit (Herkunftsfamilie), rechts die Zukunft (Kinder). Habe ich meinen Platz in meinem Leben gefunden, also meine Potenziale realisiert und meine Lebensaufgabe erkannt, so erfahre ich Segnungen und allenfalls Reichtum von dritter Seite. Oben rechts befindet sich auch der Bereich «Partnerschaft»: Je klarer ich meinen Weg kenne, ihn beschreite und über mich Bescheid weiss, desto eher gelingt eine erfüllende Partnerschaft.

Beim 3-Türen-Bagua befindet sich die Eingangstür in den meisten Fällen entweder im Bereich «Wissen», im Bereich «Karriere» oder im Bereich «Freunde». Die Ausrichtung des Bagua orientiert sich also immer nach der Eingangstür, durch die das Haupt-Chi hineinfliesst. Die Himmelsrichtungen werden dabei nicht berücksichtigt.

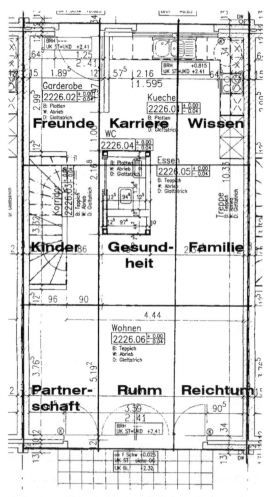

Grafik 14: Im Grundriss eingezeichnetes Bagua (hier wurde der Plan gedreht, damit die Planbeschriftung leserlich wird)

Wie zeichne ich das Bagua auf einem Grundrissplan ein? Wenn der Grundriss zum Beispiel ein Mass von 6 Meter Breite und 9 Meter Tiefe aufweist, dann teilt man die gesamte Fläche durch drei und erhält somit die neun Felder. Wenn sich das Haus im Eigentum befindet, wird das Aussenmass genommen, ansonsten gilt das Innenmass. Der Feng Shui-Experte interpretiert aufgrund der Bereiche, wie es sich bei den Bewohnern in den entsprechenden Lebensbereichen verhält, und er untersucht, wie der jeweilige Sektor optimiert werden kann.

Im Beispiel oben liegt die Gäste-Toilette im Zentrum, was nicht optimal ist: Die Toilette bedeutet «loslassen». Hier könnte das Thema Selbstwahrnehmung lauten bzw. das Loslassen der eigenen Wahrnehmung. Oder unter Umständen könnte auch der Wegfluss von Lebenskraft ein Problem sein (Energieverlust). Der Eingang liegt im Bereich «Hilfreiche Freunde», was diesen Bewohnern sicherlich ein Anliegen ist, insbesondere der Austausch von Geben und Nehmen.

Die taoistische Triade

In der chinesischen Zahlensymbolik spielt die «Drei» eine wichtige Rolle. Vieles wird in der chinesischen Welt dreigeteilt, zum Beispiel Himmel (Geist), Erde (Materie) und Mensch (Synthese). Die Triade entsteht aus dem Zusammenwirken, d.h. aus der Interaktion von Yin und Yang. Yang entspricht dem Himmel, Yin der Erde. Der Mensch steht als Mittler dazwischen. Aufgrund seiner Zwienatur hat der «Erwachte» Bezug zu beiden Ebenen, zum Himmel und zur Erde. Der Ausgleich zwischen Yin und Yang ist das grosse Ziel. In der Natur erleben wir dies zweimal im Jahr, jeweils bei der «Tag-und-Nacht-Gleiche».

Ebene	Energie wird erfasst bzw. gelenkt durch
Himmel	Astrologie
Mensch	Qi Gong, Neidan (innere Alchemie)
Erde	Feng Shui (Geomantie)

Tabelle 15: Die grosse taoistische Triade von Himmel, Mensch und Erde, entsprechend den drei Linien eines Trigrammes des I Ging

Die taoistische Triade darf nicht direkt mit der Trinität der theistischen Religionen verglichen werden (Vater–Sohn–hl. Geist oder Osiris–Isis–Horus). Andererseits ist die Gegenüberstellung der personalen Trinität zulässig: Vater–Mutter–Kind. Aus der Polarität von Yin und Yang entsteht etwas Drittes (These–Antithese = Synthese). Betrachten wir die Zahlensymbolik: Die Drei ist die erste ungerade und unteilbare Zahl und unterstreicht damit die Stellung des Menschen im Kosmos.

Da alles Chi ist, gibt es auch auf den drei Ebenen – Himmel, Erde und Mensch – unterschiedliche Manifestationen des Chi. Damit ist alles miteinander verbunden und beeinflusst sich gegenseitig. Diese drei Wirksamkeiten, d.h. Energiearten wollen wir etwas näher betrachten.

Die drei Energiearten entsprechen der kosmischen, geomantischen und menschlichen Energie. Die meisten Feng Shui-Berater arbeiten auf allen drei Ebenen und nach unterschiedlichen Schulen:

- Die Himmelsenergie wird durch die Astrologie erfasst, kommt aber mehr noch durch die verschiedenen Qualitäten und die Symbolik der Himmelsrichtungen zum Ausdruck. Ein solches Arbeiten vertritt die «Kompass-Schule», die eher intuitiv, subjektiv und metaphysisch ist.
- Die andere Art ist das Arbeiten mit der Form bzw. der Erde. Es geht um Landschaftsformen, aber auch um Formen innerhalb des Hauses. Diese Fachrichtung ist sinnlich erfahrbar, objektiv und eher rational. Es handelt sich dabei um die sogenannte «Formenschule». Zur «Erde» gehört aber auch der geomantische Bereich dazu.
- Der dritte Bereich ist die Ebene des Menschen. Um ihn geht es letztlich. Das Feng Shui versucht mit seinen Massnahmen, das Energieniveau in Raum und Landschaft anzuheben. Diese Energie wirkt sich auf den Menschen aus. Er wird besser mit Chi versorgt. Das Chi im Menschen kann aber auch mittels verschiedenen anderen Techniken und Übungen, zum Beispiel mit Qi Gong oder Neidan, angehoben werden. Andererseits sprechen wir auch bei Passantenströmen von menschlicher Energie.

Gerade Architekten, die auch Feng Shui betreiben, verzichten oft auf die Kompass-Schule, da sie nicht so fassbar ist. Wir werden immer wieder auf diese drei Ebenen und Energiearten zu sprechen kommen.

Konkrete Anwendungen im Überblick

Nachdem wir die wichtigsten Begriffe und Grundlagen erarbeitet haben, wollen wir uns einen Überblick verschaffen, wie Feng Shui eingesetzt werden kann. Feng Shui ist bei bestehenden Bauten sowie während allen Projektphasen und bei allen Objektarten anwendbar: Bei der Projektierung wie auch bei bestehenden Immobilien, von der Standortanalyse, Projektierung, Innenarchitektur bis hin zur Wohnberatung sowie bei unterschiedlichen Objektarten wie zum Beispiel Wohn-, Gewerbe- und Industriebauten; vom Restaurant, Schulhaus bis zum Spital oder Altersheim! Die Anwendungsbereiche von Feng Shui sind sehr vielfältig:

Allgemein
- Harmonisches, ansprechendes Architekturdesign, um den Verkauf oder die Vermietung zu fördern (positive und attraktive Ausstrahlung)
- Konzeption der Zugänglichkeit und der Eingangspartie (Eingang = Mund des Hauses)
- Natürliche Ausrichtung und Stellung der Bauten nach den Himmelsrichtungen
- Durchdachte und nutzungsgerechte, positiv wirkende Farbkonzepte, innen wie aussen
- Untersuchung und Vermeidung von geopathischen Einflüssen, um Gesundheitsproblemen vorzubeugen
- «Homestaging» – Objekte werden in einen verkaufs- und vermietungsgerechten Zustand gebracht

Feng Shui-Wohnbereich
- Berücksichtigung und Unterstützung der echten Wohnbedürfnisse des Menschen: Geborgenheit, Sicherheit, Schutz, Abgrenzung und Rückzugsmöglichkeiten
- Klare Grundrissgestaltung: ideale Raumbezüge und Raumfolge sowie unterstützender Energiefluss (Raumrichtungen)
- Harmonische, wohltuende Möblierungskonzepte
- Gesundes Raumklima und Atmosphäre
- Förderung der Kundenbindung: Die Mieter bleiben länger in solchen Wohnungen

Business Feng Shui
- Humane Büroraumgestaltung für effektiveres Arbeiten und Leistungssteigerung der Mitarbeitenden; Förderung der Motivation, Kreativität und Innovation, Konzentration und Kommunikation (Kommunikationsprozesse, Teambildung), Verminderung von Absenzen
- Umsatzförderung im Detailhandel, in der Gastronomie, Hotellerie usw.
- Erhöhung der Aufenthaltsdauer in Verkaufsgeschäften, Restaurants
- Gestaltung von wirkungsvollen Firmenlogos und Briefschaften
- Sanierung unrentabler Unternehmen durch angewandtes Business Feng Shui (Unternehmensberatung nach Feng Shui)

Umgebungsgestaltung
- Gestaltung von Gärten und Plätzen

Verwandte Fachdisziplinen
Als Letztes seien die Fachdisziplinen aufgeführt, die im Feng Shui enthalten sind.

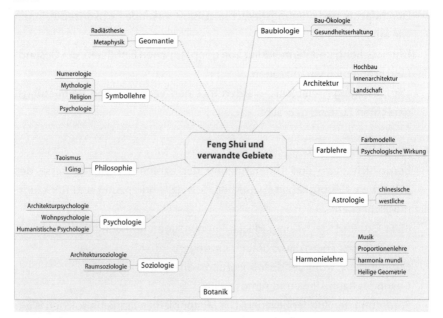

Grafik 16: Feng Shui und verwandte Gebiete der westlichen Zivilisation

Berührungspunkte und Synthese

Nachdem wir die Grundlagen von Marketing und Feng Shui erläutert haben, stellt sich nun die Frage, was haben Feng Shui und Marketing miteinander zu tun? Gibt es überhaupt Berührungspunkte? Wie sehen diese Gemeinsamkeiten aus und worin liegt die Parallelität?

Der Kunde ist König

Eine offensichtliche Gemeinsamkeit zwischen Marketing und Feng Shui besteht darin, dass in beiden Disziplinen der Mensch, d.h. der Kunde im Mittelpunkt steht. Das Wohl des Kunden, des Endnutzers, ist das zentrale Anliegen. Es geht also um den Kundennutzen. Der Feng Shui-Berater wie auch der gute Makler ist ein Problemlöser und unterstützt den Kunden, wo er nur kann. Allerdings wird im Immobilien-Marketing nach wie vor der Standpunkt des Herstellers eingenommen. Die Bedürfnisse der Endnutzer werden zu wenig berücksichtigt. Hier kann das Feng Shui einen wichtigen Beitrag leisten.

Der Austauschprozess – alles ist im Fluss

Marketing wird oft auch als *Austauschprozess* verstanden: Informationen kommen vom Markt, wir geben Informationen dem Markt zurück. Es kommt zu einer Kontrahierung. Das Produkt geht an den Kunden, im Gegenzug fliesst Geld an das Unternehmen zurück. Es entsteht ein Kreislauf.

Aus taoistischer Sicht muss die Energie immer in einem Kreislauf fliessen. Alles verläuft in Kreisläufen, alles steht energetisch im Austausch: Input und Output, Geben (Hinfluss) und Nehmen (Rückfluss). Ist die Energie blockiert, kommt es zu Störungen, im Körper zu Krankheiten und im Betrieb unter Umständen zu Liquiditätsengpässen. Das Chi muss zirkulieren. Das Prinzip des Energiekreislaufes ist im Feng Shui, aber auch in allen andern chinesischen Disziplinen äusserst wichtig, sei es im Kampfsport, in der Medizin, der Malerei, der Kalligrafie oder im Qi Gong (= Energiearbeit). Störungen sind immer auf einen blockierten Energiefluss zurückzuführen. Wenn wir mehr Freude und Fülle haben möchten, müssen wir den Energiekreislauf verbessern. Dieser Fluss sollte aber im Grossen und Ganzen im Gleichgewicht sein.

Was symbolisiert das Fliessen besser als das Wasser? Für Laotse war Wasser die Essenz des Lebens und sein Lieblingssymbol für das Tao. Für ihn war Wasser die Metapher schlechthin. Im Tao-te-King, Vers 8, erklärt Laotse (Übersetzung Bodo Kirchner):

> «Das höchste Gut ist wie Wasser
> Wasser ist gut
> allen Wesen zu dienen
> Es bemüht sich nicht
> und bleibt an Orten
> die Menschen verachten. Darin gleicht es dem Tao.»

Und weiter heisst es im Vers 32:

> «Der rechte Weg ist in der Welt
> wie Bäche und Flüsse
> in den Strömen und Meeren»

Es ist nicht zufällig, dass die Chinesen gerne ein Bild eines Wasserfalles aufhängen, um genau diesen Kreislauf zu verinnerlichen. Viele Europäer erkennen jedoch diesen Zusammenhang nicht.

Ist Feng Shui produktorientiert?

Wie wir bereits ausgeführt haben, geht es bei der Produktorientierung darum, das beste Produkt anzubieten. Dieser Ansicht liegt die Idee zugrunde, dass der Kunde sich immer für das beste Produkt entscheidet. Deshalb wird ein ständiger Verbesserungsprozess angestrebt. Die Gefahr dieser Philosophie besteht darin, dass an den Bedürfnissen der Kunden schlichtweg vorbeiproduziert wird.

Das westliche Feng Shui ist nur bedingt produktorientiert. Sicherlich möchte der Feng Shui-Experte mit seiner Beratung ein Optimum an Qualität erreichen. Dabei geht es nicht um die Wertung eines Hauses oder einer Wohnung. Vielmehr zeigt der Feng Shui-Experte die unterschiedlichen Auswirkungen auf die Bewohner auf. Dazu ein Beispiel: Ganz wichtig für die Qualität eines Hauses sind die Eingangstüren, da hier das meiste Chi hereinfliesst. Doch je nach Himmelsrichtung, nach welcher die Tür ausgerichtet ist, fliesst eine andere Energiequalität ins Haus. Welche ist nun die beste? Diese Frage kann so nicht beantwortet werden, denn es kommt darauf an, was der Klient wünscht. Der Berater entwickelt deshalb gemeinsam mit dem Klienten ein Konzept. Er unterstützt den Kunden in seinen Zielsetzungen, wobei diese natürlich auch kritisch hinterfragt werden dürfen. Feng Shui ist somit kundenorientiert.

Anwendungsbereiche
In welchen Anwendungsbereichen kann das Feng Shui den Immobilien-Profi in seiner Tätigkeit unterstützen?

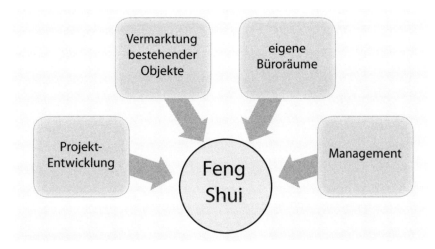

Grafik 17: Die Anwendungsbereiche des Feng Shui

Es sind vier Bereiche, in denen Feng Shui angewendet werden kann: Den grössten Nutzen bringt Feng Shui sicherlich bei der Projektentwicklung. Wenn eine Überbauung von A bis Z ganz unter den Aspekten des Feng Shui geplant und erstellt wird, ist die Wirkung am grössten. Feng Shui hilft aber auch bei der Vermarktung bestehender Objekte. Hier gilt es, die Verkaufsobjekte in einen verkaufsbereiten Zustand zu bringen. Mit einigen Massnahmen kann die Verkäuflichkeit eines Hauses enorm gesteigert werden. Feng Shui hilft ausserdem bei der Herstellung von Verkaufsunterlagen. Bei der Einrichtung von Büroräumen kann sich das Feng Shui ebenfalls positiv auswirken. Die Mitarbeiter sind motivierter, konzentrierter und werden kreativer. Die Absenzen und Fluktuationen verringern sich. In Geschäftslokalitäten fühlen sich die Kunden wohler und entspannter. Das taoistische Gedankengut hilft auch beim Management, sei es in der Personal-, aber auch bei der Unternehmensführung. Das Wissen um Yin und Yang und den permanenten Wandel, um die Instrumentalisierung der Intuition, die Wahrnehmungsschulung, die Interpretation von Zeichen und das Erkennen anderer Werte ist im Management sehr nützlich und kann vor Fehlentscheidungen und Fehlbeurteilungen schützen.

Mandatsübernahme

*«Alles, was uns an anderen missfällt,
kann uns zu besserer Selbsterkenntnis führen.»*
Carl Gustav Jung, Schweizer Tiefenpsychologe, 1875–1961

Nachdem wir geklart haben, was Marketing, Immobilien-Marketing und Feng Shui ist, untersuchen wir nun das Verhältnis zwischen dem Auftraggeber, dem Auftragnehmer und dem potenziellen Käufer. Auf die rechtlichen Aspekte des Auftragsverhältnisses verzichten wir bewusst, da dies kein juristisches Buch ist. Wenn nachstehend vom «Makler» die Rede ist, so ist hier natürlich der Immobilien-Makler gemeint.

Beziehungsviereck managen

Ein Immobilien-Makler muss sich immer zweimal verkaufen. Hat er einen Verkaufsauftrag (Input) akquiriert, ist die Arbeit noch nicht getan, denn nun muss er den richtigen Käufer für das Objekt finden (Output). Man spricht deshalb auch vom «dualen Marketing», d.h., wir unterscheiden zwischen Beschaffungs- und Absatzmarketing. Aufgrund der Tatsache, dass erst der Käufer das Geschäft zum Abschluss bringt und dann das Erfolgshonorar fliesst, kommt dem Käufer eine besondere Stellung zu. Allzu oft wird aber der Fokus nur auf den potenziellen Käufer gelegt. Dabei vergisst mancher Makler, dass es auch den Auftraggeber, das Objekt und sich selbst zu betreuen gilt. Der Makler stellt also sozusagen den Angelpunkt zwischen dem Auftraggeber, dem Objekt und dem potenziellen Käufer dar und hat eine Managementfunktion inne.

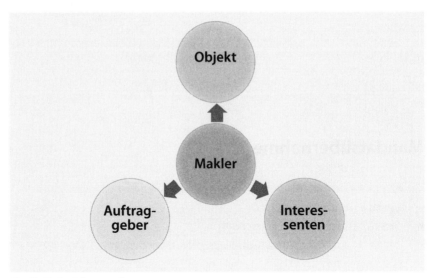

Grafik 18: Beziehungsschema

Nachstehend wollen wir die Managementfunktion des Maklers näher untersuchen.

Der Makler

Der Makler hat eine volkswirtschaftlich wichtige Aufgabe: Er bringt das Angebot (Objekt) zur Nachfrage (Käufer). Oft haben Makler aber Identifikationsprobleme, weil der Verkäufer als solcher als eine minderwertige Berufsgattung angesehen wird und sein Image – zum Teil zu Recht – sehr angeschlagen ist, wie eine Umfrage der Zeitschrift «Reader's Digest» belegt. Letztlich kommt es aber darauf an, was der Verkäufer aus seinem Beruf macht: Betreibt er Hardselling oder ist er ein Einkaufshelfer und Traumerfüller? Unterstützt er seine Kunden in ihrem wichtigen Entscheidungsprozess? Der Makler hat es selbst in der Hand, welches Image er aufbauen will – das des Klinkenputzers oder das des seriösen, verantwortungsbewussten Beraters.

Warum wird ein Makler überhaupt beigezogen? Diese Frage gewinnt im Zeitalter des Internets immer mehr an Bedeutung. Im Wesentlichen sind es folgende Gründe und Argumente:

1. Markterschliessungsfunktion
- Der Makler hat die notwendigen Marktkenntnisse und die Markttransparenz: aktuelle Situation, Marktlage, Trends.
- Er verfügt über einen aktiven Marktkontakt zur potenziellen Kundschaft.
- Der Makler stellt sein jahrelang aufgebautes Beziehungsnetz zur Verfügung (Kundenbeziehungsmanagement).

2. Beratungsfunktion
- Er verfügt über die notwendige Produktkenntnis und kann die Kaufinteressenten übers Produkt optimal aufklären.
- Er berät den Auftraggeber bei der Preisbildung.
- Er verfügt über die notwendige Erfahrung bei der Kaufabwicklung (Full-Service).
- Er besitzt generell das erforderliche Know-how und die Qualifikation (Rechts- und Marketingkenntnisse), die es braucht, um ein solches Geschäft durchzuführen.

3. Interessenwahrung
- Er vertritt die Interessen des Auftraggebers. Er ist sein Stellvertreter und ermöglicht ihm grosse Zeitersparnis, was nicht zu unterschätzen ist.
- Er besitzt die Preisfestigkeit und verfügt über genügend Verhandlungserfahrung.
- Er ist neutral und emotional nicht verstrickt. Im Gegensatz zum Eigentümer lässt es ihn kalt, wenn die Interessenten übers Objekt lästern (Unabhängigkeit).
- Echte Vermittlung heisst Konsensfindung. Der Makler sucht also kreative Lösungen, die beiden Parteien dienen. Bei verhärteten Verhandlungsfronten löst er diese auf.

4. Informationsfunktion
- Gerade wenn ein Makler immer wieder für den gleichen Auftraggeber (z.B. Generalunternehmer) arbeitet, ist es wichtig, dass er für die Produktegestaltung wichtige Informationen von der Verkaufsfront, d.h. ein Feedback vom Markt liefert.

5. *Tragweite des Geschäfts*
- Der Verkauf ihrer eigenen Liegenschaft stellt für die meisten Hausbesitzer eines der grössten Geschäfte in ihrem Leben dar, und sie verfügen über keinerlei Erfahrungen. Dies könnte somit zu einem sehr teuren Hobby werden, denn die Abwicklung ist ein komplexer Prozess. Stolpersteine und Tretminen gibt es viele.

Es gibt genügend Gründe, einen professionellen Makler zu beauftragen, auch wenn das Internet an Bedeutung gewinnt. Viele potenzielle Auftraggeber sehen aber nur das Erfolgshonorar von 30 000 bis 40 000 Euro. Manche glauben auch, die Vermarktung sei ein «einfacher Job» und mögen dem Makler das Honorar nicht gönnen. Dass aber beispielsweise der Aufbau und Unterhalt einer aktuellen Adresskartei bzw. eines Beziehungsnetzes ein grosser Aufwand ist oder dass die permanente Weiterbildung kostet, realisieren sie kaum. Ebenso wenig ist ihnen klar, dass nicht jedes Geschäft auch tatsächlich erfolgreich ist. Auch dieser Aufwand muss gedeckt werden.

Der Makler tut gut daran, wenn er sich kritische Gedanken zum Auftraggeber, Objekt und zu sich selbst macht und sich über seine Rolle und seine Beziehung zum Auftraggeber und zum Objekt im Klaren ist.

Beziehung zum Auftraggeber
Erfahrungsgemäss ist ein Makler dann erfolgreich, wenn Sympathie und somit ein Vertrauensverhältnis zwischen dem Auftraggeber und Auftragnehmer besteht.

Beziehung zum Verkaufsobjekt
Der Makler muss sich mit dem Verkaufsobjekt einigermassen identifizieren können und an den Verkaufserfolg glauben. Findet er jedoch, dass das Objekt eine «Bruchbude» und deshalb unverkäuflich ist, sollte er das Mandat nicht annehmen oder seine Beziehung zum Objekt ändern.

Einstellung zu den Interessenten
Was für eine Haltung nimmt der Makler den Interessenten gegenüber ein? Möchte er das Objekt möglichst schnell loswerden, egal wie, oder interessiert

es ihn, ob die Käufer damit glücklich sind? Dies ist letztlich auch eine ethische Frage. Der professionelle Makler schwatzt den Interessenten nicht die Objekte auf, die er gerade in seinem Angebot hat, sondern er versucht herauszufinden, was der Klient tatsächlich sucht und braucht, und hilft ihm dabei, ein passendes Objekt zu bekommen.

Einstellung zum Beruf
Ein Makler muss Menschen mögen und Freude am Kundenkontakt haben. Das ist die Voraussetzung eines jeden Verkaufsberufes. Wichtig ist auch sein eigenes Zustandsmanagement. Ist er seinerseits begeistert, interessiert und motiviert? Interessiert ihn das Produkt? Hat er die notwendigen Kenntnisse darüber? Interessiert ihn der Kunde und sein Anliegen oder ist er nur mit sich selbst beschäftigt?

Der Auftraggeber

Oft sind wir uns nicht bewusst, dass auch der Auftraggeber zum Verkaufserfolg erheblich beiträgt, und das nicht nur in Bezug auf die Preisbildung. Der Auftraggeber – hier sind Privatpersonen wie auch Firmen gemeint – befindet sich bei der Auftragserteilung in einer bestimmten Lebensphase oder unter Umständen in einem Prozess. Hier gilt es deshalb Folgendes herauszufinden: Was ist das momentane Thema des Auftraggebers? Befindet er sich auf einer Erfolgswelle oder wird er zurzeit nur vom Pech verfolgt? Hat er sich tatsächlich innerlich vom Objekt gelöst oder sagt nur sein Kopf «Ja» zum Verkauf, sein Herz jedoch noch nicht? Dies zu ergründen ist vielleicht gar nicht so einfach.

Andererseits ziehen wir oft gerade die Kunden an, die mit uns korrespondieren, d.h., sie sind ein Spiegel von mir. Hier stellt sich die Frage: Was hat dieser Kunde gerade mit mir zu tun? Was will er mir sagen? Was klingt in mir an? Es ist möglich, dass der Makler sich in einer Ehekrise befindet und gerade per Zufall einen Verkaufsauftrag aus einer Scheidung bekommt. Oder in seinem Geschäft herrscht gerade eine Flaute und die Liquidität ist etwas drangsaliert. Zufälligerweise flattert ein neuer Verkaufsauftrag ins Haus. Verkaufsgrund: Das Haus muss aus finanziellen Gründen verkauft werden. Besteht hier ein Zusammenhang?

Wie bereits angedeutet, ist es für den Verkaufserfolg wichtig, wie gross das

Vertrauen des Auftraggebers zum Makler ist. Manchmal möchte der Auftraggeber die Objekte selbst verkaufen, er hat aber keine Zeit dazu. Oder die kreditgebende Bank verlangt, dass ein externer Profi-Makler beigezogen wird. In solchen Fällen ist die Haltung dem Makler gegenüber eher abwertend. Eine solche Zusammenarbeit gestaltet sich schwierig und könnte sich auf den Verkaufserfolg auswirken. Die Zusammenarbeit und das Beziehungsgeschehen zwischen Auftraggeber und Makler sind also nicht zu unterschätzen.

Das Objekt

Der Makler muss sich nicht nur um den Auftraggeber kümmern, sondern auch um das Verkaufsobjekt. Kann und darf man das Haus im bestehenden Zustand der potenziellen Käuferschaft zeigen?

Früher hiess es: Man bringt das Verkaufsobjekt in einen «verkaufsbereiten Zustand». Damit sind natürlich Pinselrenovationen gemeint. Heute klingt es moderner: «Homestaging» heisst das neue Zauberwort und stammt aus den USA (to stage). Die beiden Begriffe meinen aber nicht dasselbe. Beim ersten werden kostengünstige Renovationen (Wände, Böden) vorgenommen, die eine grosse Wirkung haben. Beim zweiten wird die Innenausstattung (Möblierung, Raumschmuck) optimiert. Genau hier setzt das Feng Shui an. Mit geeigneten Feng Shui-Massnahmen versucht man, das Objekt attraktiver zu gestalten bzw. energetisch zu optimieren. Dabei werden alle Bereiche analysiert: der Aussenbereich und der Innenbereich sowie die Möblierung und der Raumschmuck. Das Objekt soll sich von der besten Seite zeigen. Ziel ist es, den Markterfolg zu erhöhen. Oft braucht es aber gegenüber dem Auftraggeber Überzeugungsarbeit, damit er für diese Optimierung entsprechende Budgets freigibt.

Die Kaufinteressenten

Je mehr Objekte der Kaufinteressent besichtigt, desto grösser ist sein Erfahrungsschatz und somit das Urteilsvermögen. Er hat aufgrund des bereits stattgefundenen Auswahlprozesses gelernt und seine Entschlusskraft reift langsam. Oft treffen wir aber auf Interessenten, die am Anfang ihrer Suche stehen und keine Ahnung haben, was sie eigentlich suchen. Hier soll der Makler Hilfeleistung bieten. Aber selbst wenn die Interessenten wissen, was sie wollen, tun sie sich schwer damit.

Warum ist der Kaufentscheid einer Immobilie so schwierig? Kaufentscheide hängen von vier Faktoren ab, von der Höhe der Investitionssumme, der Investitionsdauer; der Anzahl der vom Entscheid betroffenen Personen und ob der Interessent ein Erstkäufer ist. Die Investitionssumme ist für viele in der Regel relativ hoch. Auch die Investitionsdauer hat einen langfristigen Charakter, das Haus soll für die nächsten zehn Jahre der Lebensraum sein. Ebenso sind der Lebenspartner und vielfach auch Kinder von diesem Kaufentscheid betroffen. Und zu guter Letzt: Ein Haus kauft man in der Regel nicht jedes Jahr. Für viele stellt der Immobilienkauf einen Erstkauf dar. Für diesen Umstand muss der Makler ein Mindestmass an Verständnis aufbringen können. Deshalb versteht es sich von selbst, dass Druck im Verkauf oft kontraproduktiv ist. Im Weiteren ist heute die Markttransparenz durch das Internet wesentlich grösser als noch vor zehn Jahren. Auch ist der Kunde durch das reiche Angebot an Informationssendungen in Radio und Fernsehen, Seminaren, Fachliteratur, Zeitschriften und Zeitungen aufgeklärter als früher.

Analysen

«Wir ertrinken in Informationen, aber hungern nach Wissen!»
John Naisbitt, amerikanischer Autor (Trendforschung), 1929*

Wenn der Makler einen Verkaufsauftrag erhalten hat, sei es ein einzelnes Haus, eine ganze Überbauung oder ein unbebautes Grundstück, so muss er als Erstes ein Marketing- bzw. Vermarktungskonzept erstellen. Jedes Konzept beginnt mit der Informationsbeschaffung, mit deren Analyse und Interpretation. In einem zweiten Schritt erfolgt die Planung, später die Realisation und am Ende das Controlling. Der Ablauf ist immer derselbe.

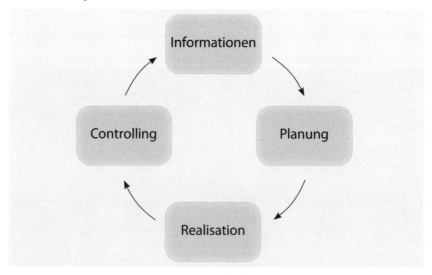

Grafik 19: Planungsprozess mit den vier Hauptthemen

Bevor wir uns näher mit der Informationsbeschaffung und deren Analyse beschäftigen, sei hier noch eine Anmerkung zu Konzepten erlaubt. Ein Konzept sollte schriftlich, klar und in knapper Form verfasst sein. Es gibt verschiedene Arten von Konzepten: Marketing-, Vermarktungs-, Kommunikations- und Werbekonzept. In Zusammenhang mit Immobilien sprechen wir meistens von einem Vermarktungskonzept. In Gegensatz zu einem Marketingkonzept baut ein Vermarktungskonzept auf bereits bestehenden Produkten bzw. einem bestehenden Sortiment auf. Es besitzt einen sehr kurzfristigen Charakter mit *eindeutigem Verkaufsfokus*. Das Marketingkonzept ist dagegen eher für Unternehmen geeignet und legt den langfristigen Kurs, die Marschrichtung fest. Das Kommunikationskonzept umfasst alle Kommunikationsinstrumente (Werbung, Verkauf, PR, Verkaufsförderung), während das Werbekonzept nur die Werbung betrifft.

Kehren wir zur Informationsbeschaffung und deren Analysen zurück. Für die Immobilienbranche sind drei Arten von Analysen wesentlich:
– Standort- und Marktanalyse
– SWOT-Analyse
– Marktforschung

Während die Standort- und Marktanalyse meist bei unüberbauten Grundstücken vorgenommen wird, dient die SWOT-Analyse der Beurteilung von Projekten und bestehenden Bauten. Mittels der Marktforschung wollen wir Informationen über den Markt oder einzelne Faktoren des Marktgeschehens, insbesondere natürlich über das Kaufverhalten der Kunden erhalten. Die einzelnen Bereiche werden wir nachstehend untersuchen.

Viele Lesearten führen zum Ziel: Standortanalysen

Die Standort- und Marktanalyse wird meistens dann eingesetzt, wenn ein unüberbautes Grundstück oder ein Abbruchobjekt vorliegt. Wesentlich sind hier die Ausgangslage und der Grund für die Standortanalyse. Wer ist der Auftraggeber? Aus welcher Perspektive wird die Analyse erstellt? Welchen Nutzungsarten dient sie? Handelt es sich um Wohnräume, Büro- und Gewerberäume? Oft wird diese Frage bereits aufgrund der baurechtlichen Situation beantwortet.

Besteht nach solchen Flächen auch eine Nachfrage? Was für die eine Nutzung eine Qualität darstellt, bedeutet für eine andere Anwendung oft den Untergang (z. B. Verkehrsarmut). Für Unternehmen lautet die Frage: An welchem Standort lässt sich der grösste Gewinn erzielen?

Was eine Standortanalyse aus Marketingsicht (StoMa) enthalten soll, sei hier aufgeführt (Grobdisposition):

Auftragsumschreibung
- Auftraggeber, Ziel, Grundlagen
- Makrostandort (geografischer Raum als solcher)
- Bezirk/Region
- Gemeinde
- Verkehrsmässige Erschliessung
   - Öffentlicher Verkehr: S-Bahn, Bus etc.
   - Individualverkehr, Autobahn etc.
   - Flughafen
   - Pendlerströme
- Städtebauliche Situation
- Demografische, sozioökonomische Untersuchung
   - Bevölkerungsstruktur, Entwicklung
   - Einkommen/Kaufkraft, Steuern
   - Haushaltgrössen
   - Haushaltausgaben/Ausgabenstruktur
- Einzelhandelsstruktur
- Einzugsgebiet
   - Bevölkerung im Einzugsgebiet
   - Kaufkraftpotenzial im Einzugsgebiet
- Einzelhandels-Zentralität
- Gewerbe-Industriestruktur
- Dienstleistungen
- Gemeindestruktur
   - Infrastruktur
   - Schulen
   - Versorgungsgrad

    Medizinische Versorgung
    Kulturelles Angebot
Immobilienmarkt (Bestände, Bautätigkeit, Preisentwicklungen)
    Wohnungsmarkt/Angebot, Leerwohnungsziffer
    Büro- und Gewerberäume
    Verkaufsflächen
    Konkurrenzobjekte/-projekte
Mikrostandort (Standort der zu überbauenden Parzelle)
    Objektumfeld
    Passantenströme
    Zugänglichkeit/Auffindbarkeit
    Besonnung, Fernsicht
    Lärmemissionen, Geruchsemissionen
Zusammenfassung und Schlussfolgerungen (Fazit)
Empfehlung

Im Anhang der Analyse finden sich die Arbeitsunterlagen, das statistische Material sowie das Kartenmaterial.

Eine Standort- und Marktanalyse verlangt viel statistisches Datenmaterial und dessen Auswertung (Desk research). Aber auch die konkrete Feldarbeit ist gefragt: tatsächliche Beobachtung des Standortes, Abfahren des Einzugsgebietes sowie auch qualitative Befragungen vor Ort. Es würde aber den Rahmen des Buches sprengen, wenn wir hier detailliert auf die klassische Art der Standort- und Marktanalyse eingehen würden. Vielmehr interessiert uns in diesem Zusammenhang, was das Feng Shui dazu meint. Wie geht ein Feng Shui-Experte vor? Worauf legt er seinen Schwerpunkt?

Ganzheitliche Sicht des Feng Shui-Experten

«Jeder Ort hat aber nicht nur eine Geschichte, sondern setzt sich aus einer Summe von Erinnerungen zusammen. Feinen Schichten, die sich ineinanderschieben, überlagern und gegenseitig beeinflussen, aufbauend auf dem Geist (genius) und der Seele (anima) des Ortes.»

Prof. Erwin Frohmann, 1957*

Wir haben im vorhergehenden Kapitel erläutert, welche Standortfaktoren in der klassischen Analyse wichtig sind. Die westliche Geomantie und das Feng Shui gehen noch einen Schritt weiter. Ein Standort wird nicht nur rational, sinnlich, funktional, analytisch und objektiv untersucht, sondern nebst dieser körperlichen Dimension gibt es noch die ästhetische und vital-seelisch-geistige Dimension. Prof. Erwin Frohmann spricht hier von der Trinität des mehrdimensionalen Raumes. Betrachten wir kurz diese drei Ebenen:

I. Bei der *körperlichen Dimension* handelt es sich um die sinnliche, funktionale und analytische Wahrnehmung der physischen Erscheinung des Umfeldes, d.h. der Landschaft und des Raumes. Die Wahrnehmung erfolgt also über die klassischen Sinne. Sie ist objektiv messbar.

II. Die *ästhetische Dimension* ist sinnlich erfahrbar, nimmt aber physisch sowie psychisch Einfluss auf den Menschen. Hier spielen Formen, Farben, Klänge, Rhythmen, Symbolik sowie harmonikale Ordnungsprinzipien eine Rolle.

III. Die *vital-seelisch-geistige Dimension* erfasst das Atmosphärische im Raum. Es handelt sich hierbei um die unsichtbaren Aspekte, die mit den klassischen Sinnen nicht erfahrbar sind und einen *kontemplativen Zugang* erfordern.

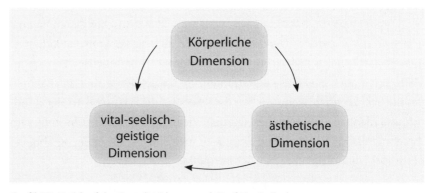

Grafik 20: Kreislauf der Gestaltwirkung nach Prof. Erwin Frohmann

Die Grenzen der verschiedenen Ebenen sind fliessend und nicht immer klar voneinander zu trennen. Wichtig ist, dass wir stets versuchen, uns bewusst zu werden, auf welcher Wahrnehmungsebene wir uns gerade befinden. Dafür sollten wir alle Zugangskanäle einsetzen: visuell, auditiv, gustatorisch, olfaktorisch und haptisch (taktil, kinästhetisch sowie Temperatur- und Schmerzwahrnehmung). Dazu kommt der sogenannte Sechste Sinn, die kontemplative, mediale Wahrnehmung: das Eintauchen in eine andere Ebene. Ein solches bewusstes Wahrnehmen erfordert eine sehr hohe Präsenz und eine Achtsamkeit, die geübt werden muss.

Laotse schreibt im Tao-te-King, Vers 11, über das Unsichtbare: «Das Sichtbare, das Seiende, gibt dem Werk die Form, das Unsichtbare, das Nichts, gibt ihm Wesen und Sinn» (Übersetzung: Karl Otto Schmidt). Hier wird klar, dass eigentlich das Unsichtbare das Wesentliche ist, das, was das Wesen ausmacht. Der Körper allein macht nicht das Wesen, die Persönlichkeit eines Menschen aus. Es geht also darum, dahinterzusehen.

Bei der Standortanalyse soll alles wahrgenommen und registriert werden. Alles, was uns umgibt, hat einen Einfluss auf uns. Flora und Fauna wirken auf uns ein und geben Auskunft über die Standortqualität. Aber auch die Beschaffenheit der Erde und das Klima sind wichtig. Sowohl Berge, Hügel und Gewässer als auch Bauten in der unmittelbaren Nachbarschaft beeinflussen uns. Der Orts- sowie Flurname mit seinem Wappen und seinen Farben gibt uns ebenfalls eine Botschaft. Über die Wichtigkeit der Namen – Nomen est Omen – sprechen wir später. Nachstehend gehen wir auf die wichtigsten Gegebenheiten bei einer Feng Shui-Standortanalyse ein.

Topografie: Hügel und Berge (Erd-Chi)
Im Feng Shui können Hügel und Berge den fünf Elementen zugeordnet werden: Holz, Feuer, Erde, Metall und Wasser. Je nach Anordnung und Kombination ergibt sich ein jeweils anderes Energiemuster. Zudem haben Hügel (Yang) und Täler (Yin) aufgrund ihres polaren Spannungsfeldes eine weitere energetische Wirkung. Auf der Sonnenseite gibt es durch die optimale Besonnung thermischen Auftrieb (Yang), auf der Schattenseite Fallwinde (Yin). Welche Seite ist wohl die bessere Wohnlage? Zu enge Täler ermöglichen nur eine beschränkte Fernsicht und können zu Engstirnigkeit führen. Hügel können auch einen Standort trennen (psychologische Grenze). Ein ganz wesentliches Element im Feng Shui ist die Rückendeckung. Befindet sich hinter dem Gebäude ein Hügel, der Schutz bieten kann? Falls ja, darf er nicht zu hoch sein, sodass er übermächtig und bedrohlich scheint, aber auch nicht zu klein, dass er keinen Schutz zu bieten vermag. Diese Funktion kann natürlich auch ein anderes Gebäude innehaben.

Geopathie
Bei der Geopathie wird untersucht, ob das Grundstück irgendwelche gesundheitsschädigenden Einflüsse hat. Hierbei geht es um radiästhetische Untersuchungen bezüglich Wasseradern, Verwerfungen, Globalgitter, Energielöcher usw. Menschengerechtes Bauen setzt solche Untersuchungen schlicht voraus.

Gewässer: Seen und Flüsse (Wasser-Chi)
Gewässer sind grundsätzlich positiv zu werten. Im Feng Shui bedeutet Wasser Reichtum, Wohlstand und Glück. Das Element Wasser sollte, wenn möglich, immer auf dem Grundstück oder in der Nähe vorhanden sein. Es sammelt Energie, bindet das Chi, weshalb es im Feng Shui so beliebt ist. Ohne Wasser wäre Leben nicht möglich. Ein Gewässer kann aber auch krankmachende Energie aufnehmen! Hier kommt es auf die Qualität des Wassers an. Ist es verschmutzt, fahl, fliessend, klar und frisch? Fliesst es schnell oder gemächlich? Reissendes Gewässer ist nicht günstig. Ruhiges Gewässer von Seen oder Teichen wirkt dagegen beruhigend und spiegelt eine Seelentiefe wider. Dabei sollte es einen frischen Zufluss geben, damit das Wasser nicht fault. Wo befindet sich die Quelle eines Flusses? Trennt der Fluss den Ort, die Stadt in zwei Teile? Flussrichtung, Wassermenge und Verlauf bestimmen, ob das Wasser aufbauend oder zerstörend wirkt. Es ist also wichtig, aus welcher Richtung der Fluss fliesst, an welcher Stelle er in das Grundstück eintritt und wo wieder hinaus.

Fauna und Flora
Bei den Kelten, Germanen sowie bei andern Kulturen waren Bäume heilig. In ihnen wohnten die göttlichen Kräfte. Der Baum gilt als Mittler zwischen Himmel und Erde. Die Wurzeln stehen für die Erde, der Stamm für das Leben auf der Welt und die Krone für den Himmel. Dies entspricht der Dreigliedrigkeit aus dem I Ging, dem Trigramm, das der Erde (unterer Strich), dem Menschen (mittlerer Strich) und dem Himmel (oberer Strich) entspricht. Der Baum lehrt uns auch: Je höher wir uns entwickeln wollen, umso grösser muss unsere Verwurzelung sein. Im Qi Gong (Energiearbeit) gibt es entsprechende Übungen: «Stehen wie ein Baum» (Zhan Zhuang) und den «Baum umarmen». Dabei geht es um die strukturelle Ausrichtung auf die Hauptenergiequellen, um die feste Verwurze-

lung bis ins Zentrum der Erde (Wurzel) sowie um die Verbindung zum Geistigen, dem Polarstern (Krone).

Wenn wir in das Wort «Baum» hineinhören, so erkennen wir darin die aus dem Sanskrit stammende heilige mantrische Silbe «Aum» (OM). Diese verfügt über eine grosse spirituelle Kraft. In der germanischen Mythologie (Edda) versinnbildlicht Yggdrasil, die immergrüne Weltesche, die Schöpfung als Gesamtes: räumlich, zeitlich und inhaltlich. Sie ist der Weltenbaum, weil sie im Zentrum steht und alle Welten miteinander verbindet. Als Weltachse (axis mundi) verbindet sie die drei Ebenen Himmel, Mittelwelt und Unterwelt. Im Buddhismus spielt der Bodhibaum eine Rolle, unter dem Buddha seine Erleuchtung hatte. In China ist der Pfirsichbaum besonders wichtig, da er Unsterblichkeit symbolisiert und Dämonen vertreibt. In der Bibel hat der Oliven- und Feigenbaum, aber auch der «Baum des Lebens» und der «Baum der Erkenntnis von Gut und Böse» eine grosse Bedeutung.

Jede Baumart hat ihren eigenen Charakter und ihre Kräfte. Bäume prägen ihre Umgebung. Ein gesunder Baum steht für Leben und Beständigkeit. Im Feng Shui sind vor allem die Immergrünen (z.B. Thuja, Liguster, Buchsbaum) besonders beliebt, denn sie veranschaulichen die Durchsetzungskraft des Lebens. Andererseits stellen Laubbäume den natürlichen Zyklus dar. Im Weiteren bieten Bäume Schutz vor der Nachbarschaft und vor schlechten Einflüssen. Früher pflanzte man auf dem Platz im Dorfzentrum oft eine Linde. Und lange Zeit war es Brauch, für jedes geborene Kind einen Baum zu pflanzen. Später sollte er das Holz für den Sarg liefern.

Nachstehend finden sich einige Baumarten und ihre Symbolik. Solche Listen können wir auch von Blumen, Tieren usw. erstellen. Das Beispiel soll nur veranschaulichen, dass alles seinen Symbolgehalt besitzt.

Baumart	Symbolik
Ahorn	«mild», «lustig», Heiterkeit, Würdenrang (chin.), langes Leben, gesunde Kinder, nationales Symbol von Kanada Tierkreiszeichen: Zwilling
Apfelbaum	Fruchtbarkeit, Gesundheit, Frieden Tierkreiszeichen: Stier

Baumart	Symbolik
Birke	Langes Leben, junge Weiblichkeit, Glücklichsein, Widerstandskraft, Schutz vor Hexen, reinigend, Neubeginn Tierkreiszeichen: Waage
Birnbaum	Schutz, Zuneigung, Lebensbaum, Baum des langen Lebens, aber auch Trauer, Vergänglichkeit und Trennung Tierkreiszeichen: Krebs
Eibe	Unsterblichkeit, Beständigkeit, auf Friedhöfen angepflanzt, Kreuzchen aus Eibenholz dienten als Amulette Tierkreiszeichen: Skorpion
Eiche	Macht, Kraft, Sieg, Ruhm, Heldentum, Baum des Mannes, Dauerhaftigkeit, unter Eichen wurden Gerichtssitzungen abgehalten und Urteile vollstreckt. Philemon wurde in eine Eiche verwandelt (Ovid) Tierkreiszeichen: Stier
Esche	Weltenbaum, kraftvolle Festigkeit, eheliche Freuden, Stärke, Autorität und Wohlstand Tierkreiszeichen: Jungfrau
Haselnussbaum	Lebens- und Liebesfruchtbarkeit, Unsterblichkeit, Weisheit, Wunscherfüllung, Glück, Schutz vor Behexung, Blitz und Schlagen, Aussergewöhnliches, Weisheit, Glück, Inspiration Tierkreiszeichen: Zwilling
Kiefer	Lebenskraft, Ausdauer, Bewältigung eines schwierigen Lebens, Treue und Mut, langes Leben, lange und glückliche Ehe, Reichtum Tierkreiszeichen: Wassermann
Kirschbaum	Weibliche Schönheit, heitere Erotik, Segen des Paradieses Tierkreiszeichen: Waage
Lärche	Optimismus, Schutz gegen Diebe Tierkreiszeichen: Wassermann
Linde	«lindert», chymische Hochzeit, Zärtlichkeit, eheliche Liebe, Platz der Gemeinschaft, Gerechtigkeit, fördert Zusammenarbeit. Baucis wurde in eine Linde verwandelt (Ovid) Tierkreiszeichen: Krebs
Tanne	Weihnachten, Baum der Geburt, Neubeginn Tierkreiszeichen: Steinbock
Zeder	Unsterblichkeit, das Erhabene, Kraft, Ausdauer, Glück und Treue in der Liebe Tierkreiszeichen: Steinbock

Tabelle 21: Baumsymbole

Blumen haben ebenfalls Symbolcharakter und ihre Energiemuster. Zum Beispiel ist die Pfingstrose im Feng Shui besonders beliebt, denn sie verspricht eheliches Glück, erfülltes Frauenleben, Reichtum, Heil und Heilung. In China gilt sie als «Königin der Blumen».

Pflanzen lassen ausserdem Rückschlüsse auf die Bodenqualität zu, insbesondere auf die geopathische. Jede Pflanze hat aber auch ihre bestimmte Eigenschaft. Nicht umsonst haben die Römer entlang ihren Strassen Pappeln gepflanzt. Sie wussten, dass die Pappeln dem Boden und somit der Strasse das Wasser entziehen, darüber hinaus spenden sie auch Schatten.

Über die Standortqualität geben Tiere ebenfalls Auskunft. Früher wurde eine Schafherde auf ein Grundstück gebracht, um zu schauen, an welcher Stelle die Herde schlief. Dort war ein guter Platz, um ein Haus zu bauen. Aber auch jene Stelle, wo sich die Störche niederlassen, sind geeignete Orte. Was für Tiere befinden sich also am zu untersuchenden Standort? Welche Vogelarten kommen hier vor?

Wenn Bäume, andere Pflanzen oder Tiere bei einem Standort augenfällig sind, sollte man dies untersuchen und den Symbolinhalt klären.

Umgebung energetisch betrachtet
Im Feng Shui ist es sehr wichtig, was sich im direkten Umfeld des Untersuchungsstandortes befindet. Welche Tätigkeiten und Aktivitäten finden dort statt? Liegt in der näheren Umgebung ein Friedhof, eine Kirche, ein Schulhaus, Spital, Gefängnis, Gericht, eine Bank, ein Schlachthof usw.? Alle diese Gebäude haben ihren Wirkungskreis: Sie können Energien abziehen oder aufbauen! So beherbergt zum Beispiel ein Spital Krankheiten und leider auch Tod (Yin-Energie). Aber auch Denkmäler sind von Bedeutung.

Orts- und Strassenname (Toponomastik)
Es ist sehr interessant, Ortsnamen zu analysieren und nachzuforschen, woher der Name kommt und was er bedeutet. Bereits in der Antike gab man Siedlungen Namen, die sich dann aber im Laufe der Zeit weiterentwickelt haben. Im deutschsprachigen Raum haben die meisten Namen eine keltisch-germanische Herkunft. Die Bildung des Namens hat viele Ursprünge. Oft nimmt er Bezug auf die Umgebung (Berg, Wald, See, Burgen etc.), oder er ist von einem Schutz-

patron hergeleitet. Vom Standpunkt des Feng Shui aus interessiert uns natürlich die Bedeutung des Namens (etymologische Methode), denn er lässt auf die Qualität und die spirituelle Geschichte des Ortes schliessen. Der Name hat eine prägende Wirkung, nicht nur auf den Menschen, sondern eben auch auf einen Ort. Bei Orts- und Strassennamen ist ausserdem der Klang des Namens von Bedeutung. Gibt er Kraft? Ist er wohlklingend und melodiös? Lässt sich das Wort gut aussprechen oder hat es Hemmungen darin (zum Beispiel Wettswil)? Welche Bilder und Farben verbinden wir damit? Ein Wort beinhaltet eine gewisse Schwingung, die es zu erfassen und zu interpretieren gilt. Wenn ein Standort vertieft betrachtet wird, so gehört die Namensanalyse dazu.

Achtsamkeit: die SWOT-Analyse

Nebst der Standort- und Marktanalyse gibt es die SWOT-Analyse, die in gekürzter Form auch Elemente der Ersteren enthält. Die sogenannte SWOT-Analyse findet bei bestehenden Projekten und Bauten Anwendung. Das Augenmerk gilt also der Baute als solche. Dabei wird das Objekt auf Herz und Nieren geprüft. Der etablierte Begriff SWOT ist ein Akronym und bedeutet:

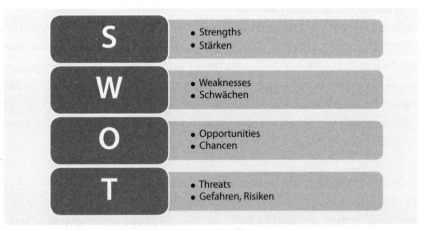

Bei jeder Mandatsübernahme sollte als Erstes eine SWOT-Analyse vorgenommen werden. Wenn der Makler sie nicht erstellt, so tut dies bestimmt der Kaufinteressent. Aufgrund der SWOT-Analyse können die Zielgruppe sowie die Positionierung hergeleitet werden. Sie ist auch hilfreich beim Erkennen des USP

(Verkaufsgrund), für den Input einer Verkaufsbroschüre sowie beim Aufbau eines Argumentariums für Einwandsbehandlung im Verkauf. Dabei werden zwei Analysen vorgenommen: Die Stärken-/Schwächen-Analyse untersucht das Objekt als solches, die Chancen-/Risiken-Analyse untersucht die Umwelt (Markt, Konkurrenz usw.).

Während die Standortanalyse versucht herauszufinden, was sinnvoll ist, am Untersuchungsort zu erstellen, untersucht die SWOT-Analyse die Standortqualität, um abzuklären, ob Standort und Nutzung miteinander vereinbar sind und welche Segmente dafür in Frage kommen.

In der Fachliteratur findet man leider keine detaillierte SWOT-Analyse für den Immobilienbereich. Meine schulischen Erfahrungen haben jedoch gezeigt, dass viele Studenten froh darüber wären, wenn sie über eine solche Checkliste verfügen könnten, auch wenn die Liste jeweils für das konkrete Objekt angepasst werden muss. Deshalb sei nachstehend eine sehr detaillierte Checkliste angefügt, die für ein systematisches Vorgehen sehr hilfreich ist. Die Analyse wird hierbei tabellarisch vorgenommen, sodass auf einen Blick grafisch erkennbar ist, wo die positiven Aspekte des Objektes liegen.

Stärken-/Schwächen-Analyse (Objekt)

Analysefeld	− −	−	−/+	+	+ +	Bemerkung
Standortqualität						
Makrostandort						

Verkehrsmässige Erschliessung
  ○ Öffentlicher Verkehr
  ○ Individualverkehr
  ○ Flughafen
	
	●
			
			●
			●
				●		
						
						Direkte S-Bahn ist geplant

Analysefeld	– –	–	–/+	+	+ +	Bemerkung
Versorgungsgrad ○ Einkauf (täglich, periodisch, aperiodisch) ○ Medizinische Versorgung (Arzt, Spital, Apotheke) ○ Gastronomie, Hotellerie ○ Bank	●	●	●		●	
Schulangebot ○ Kindergarten ○ Unterstufe ○ Oberstufe ○ Gymnasium ○ Hochschulen						
Kulturelles Angebot ○ Sportanlagen ○ Kino, Theater ○ Vereine						
Naherholungsgebiet						
Steuersituation (Steuersatz)						
Politisches Umfeld						
Herkunftsgoodwill (Imageträger)						
Bevölkerungsstruktur (Alter, Ausländeranteil usw.)						

Analysefeld	--	-	-/+	+	++	Bemerkung
Standortqualität						
Mikrostandort						
Nachbarschaft						
Emissionen: Lärm-/Geruchs-/Rauchbelastungen						
Auffindbarkeit: Zufahrt, Sichtbarkeit						
Grundstück • Flächenangebot • Geometrie • Geologie (Baugrund, Altlasten) • Topografie • Besonnung/Winterschatten • Fernsicht, Aussicht • Umgebungsgestaltung/Garten						
Baute						
Architekturdesign						
• Architekturdesign (Ausstrahlung, Ästhetik, Baustil) • Identifikationsmöglichkeit • Eingangsgestaltung						

Analysefeld	--	-	-/+	+	++	Bemerkung
Funktionalität						

• Grundrissgestaltung: Raumbezüge, Raumgliederung (Fluss)
• Verhältnis Nutz-/Erschliessungsflächen
• Lichtverhältnisse (Helligkeit)
• Anzahl Geschosse
• Gesamt-Wohnfläche
• Anzahl Zimmer
• Zimmergrössen
• Möblierbarkeit
  ○ Zimmer
  ○ Essbereich
  ○ Wohnzimmer
• Küchengrösse
• Anzahl Nasszellen
• Wasch-/Trocknungsbereich
• Aussenbereich: Balkon/Terrasse/Sitzplatz
• Autoabstellplätze,
• Einstellgarage, Garage						

Ausbaustandard						
• Ausstattung Küche (Bestückung, Geräte etc.) • Ausstattung Sanitärbereich • Baulicher Zustand/Renovationsstau • Materialien, Geräte • Elektro-Installationen (Steckdosen, Deckenanschlüsse, EDV)						

Analysefeld	--	-	-/+	+	++	Bemerkung
Bautechnik						
• Konstruktionsart • Schallisolation • Wärmeisolation • Heizsystem • Alter der Baute (Baujahr)						
Rechtliche Aspekte						
• Grundbuchrechtliche Situation (Dienstbarkeiten, Anmerkungen usw.) • Baurechtliche Aspekte (Zone, Ausnützung usw.) • Baurecht						
Ökonomische Aspekte						
• Kaufpreis • Rentabilität • Mietpreise • Renovationsstau (Investitionen)						

Chancen-/Risiken-Analyse (Umwelt)

Analysefeld	--	-	-/+	+	++	Bemerkung
Branchenanalyse						
• Entwicklung der Branche • Hauptakteure; Wettbewerbssituation (Konkurrenzkampf) • Anzahl Anbieter, Typen der Anbieter • Organisation der Branche (Verbände etc.) • Eintrittsbarrieren für neue Konkurrenten						

Analysefeld	--	-	-/+	+	++	Bemerkung
Konkurrenzanalyse						
• Direkte Konkurrenzobjekte (Wer, was, wo, zu welchem Preis?) • Hauptstärken, -schwächen der Konkurrenten • Kommunikationsart						
Ökologie						
• Baulandreserven • Verfügbarkeit von Energie (z. B. Heizöl) • Klimaerwärmung (Isolation, Heizsysteme) • Ökologische Baumaterialien • Strömungen im Umweltschutz (Bewusstsein, Belastungen, gesetzliche Bestrebungen)						
Ökonomie						
• Zinsniveau/-entwicklung (Hypothekarzins) • Sparneigung • Arbeitslosenquote • Wirtschaftswachstum / Bruttoinlandprodukt (BIP) • Einkommen pro Kopf, Kaufkraft • Leerwohnungsziffer • Preisniveau/-entwicklung • Konsumentenstimmung • Steuersituation						
Recht / Politik						
• z. B. Lex Koller (Schweiz) • Mietrecht • Umweltschutz, Auflagen • Wirtschaftspolitik: Wohnbauförderung						

Analysefeld	--	-	-/+	+	++	Bemerkung
Technologie/Innovation						
• Neue Heizsysteme • Neue Isolationstechniken • Innovationspotenzial						
Demografie						
• Bevölkerungswachstum • Haushaltgrössen • Alterspyramide • Ausländeranteil						

Tabelle 22: Checkliste der SWOT-Analyse

Bei dieser Checkliste ist zu beachten, dass ein Standortfaktor für ein bestimmtes Käufersegment ideal sein kann, während er sich für eine andere Zielgruppe als Nachteil erweist: In der Nähe gelegene Kindergärten und Schulen sind für eine Familie ideal, für ein älteres Paar dagegen kann es wegen des Lärms ein Nachteil sein. Somit zeigt sich bald, ob die Standortqualität mit den Funktionen des Hauses kompatibel ist, d. h.: Wenn der Standort für Familien ideal ist, das Haus aber nicht geeignet für dieses Segment, dann ist es das falsche Haus am falschen Ort!

Es sei noch erwähnt, dass sich aus den vier Möglichkeiten der SWOT-Analyse verschiedene Kombinationen ergeben. Wenn zum Beispiel eine Stärke auf eine Chance trifft, so gilt es, diese auszunutzen und zu multiplizieren. Stossen dagegen Schwächen auf Risiken, sollte man sich besser aus dem Markt zurückziehen. Daraus resultieren vier Strategien:

	Stärken	Schwächen
Chancen	Stärken ausbauen Ausnutzen, Konzentration investieren	Schwächen abbauen Verbesserungspotenzial investieren
Risiken	Vorbeugen, Stärken nicht unbedingt ausbauen absichern	Abbauen durch Desinvestition Vom Markt zurückziehen

Tabelle 23: SWOT-Matrix mit den vier möglichen Strategien

Beispiel: Wenn ein Haus bezüglich Umgebung und Raumangebot sehr kinderfreundlich ist (= Stärke) und es sich zudem in einer wachstumsstarken Region befindet, wo vor allem bei Familien eine grosse Nachfrage besteht (= Chance), so gilt es, diese beiden Umstände unbedingt auszunutzen. Die Stärke ist mit der Chance kompatibel. Es könnte aber auch sein, dass das Haus familienfreundlich ist, der Standort aber ungeeignet (viel Verkehr, lärmig und gefährlich, keine Spielflächen).

Die Feng Shui-SWOT-Analyse

Was macht nun ein Feng Shui-Berater bei der Untersuchung eines Gebäudes anders als der traditionelle Immobilien-Vermarkter? Worin liegen die Unterschiede? Der Feng Shui-Berater wechselt die Ebenen. Es ist ein kontemplatives oder meditatives Eintauchen in den Standort und in das Gebäude, ein Erspüren der vorhandenen Energien und deren Interpretation. Es geht darum festzustellen, wie das Energieniveau ums Haus und im Haus ist und wie es anzuheben ist. Dieses Energieniveau kann mittels des Pendels ausgemessen werden (Bovis-Einheiten). Viele Dinge sind aber bereits visuell wahrnehmbar: Dunkle, schlecht beleuchtete Treppenhäuser, deren Anstrich noch aus der Vorkriegszeit stammt, benötigen keine grosse Messarbeit, um festzustellen, dass das Energieniveau zu wünschen übrig lässt.

Es kann nicht genug betont werden, dass die Instrumentalisierung der Intuition, des Bauchgefühls, ein wichtiges Arbeitswerkzeug des Feng Shui-Beraters ist. Es ist wie das Lernen einer neuen Sprache. Ein Energiemuster muss emotional wahrgenommen werden, um es interpretieren und verbalisieren zu können. Die wesentlichen Punkte, die ein Feng Shui-Berater bei Gebäuden untersucht, sind:

- Zugänglichkeit zum Grundstück
- Gartengestaltung und dessen Zustand
- Auffindbarkeit des Einganges, Gestaltung des Einganges (Relation zur Gesamtfassade)
- Architekturdesign, Formensprache (harmonisch, disharmonisch), Aussage der Fassade (Kommunikation)
- Entree, Empfang: Wie werde ich aufgenommen? Mein erster Eindruck? Mit welcher Energie werde ich konfrontiert?

- Welche der fünf Elemente sind am meisten vertreten in Form, Farbe und Material? Fehlt eines? Ist mehr Yin oder Yang im Gebäude?
- Raumbezüge, Raumrichtung, Energiefluss?
- Unregelmässigkeiten im Grundriss, Ecken und Kanten? Ist er mehr quadratisch oder rechteckig? Wie ist das Verhältnis von Gebäudelänge zu -breite?
- Bestehen energetische Durchzüge, Energielöcher?
- Möblierungskonzepte, Raumschmuck?
- Ordnung oder Unordnung, belastender Gerümpel?
- Helligkeit, Freundlichkeit, Frische im Haus?

Mancher Immobilienmakler mag sich fragen, was der Vorteil einer Feng Shui-spezifischen Untersuchung ist. Ein dunkles Treppenhaus sieht doch jeder! Nein, eben nicht! Vor allem diejenigen, die in einem solchen Gebäude arbeiten oder wohnen, nehmen diese Gegebenheiten nicht mehr wahr. Sie werden schlichtweg übersehen. Dann gibt es Eigentümer, die solche Umstände wahrnehmen, aber nichts unternehmen, vielleicht, weil eine Renovierung Kosten verursacht. Der Feng Shui-Experte dagegen sieht nicht nur das dunkle Treppenhaus, sondern auch die Auswirkungen solcher Gegebenheiten. So sind Korridore und Treppen für die Kommunikation zuständig. Ein desolates Treppenhaus kann die interne Kommunikation blockieren und permanente Missverständnisse hervorrufen. Allgemeine Unordnung und Gerümpel lähmen die Motivation und die Energie. Hier liegt der grosse Unterschied: Wir sehen die direkten Auswirkungen solcher baulichen Mängel, insbesondere auf den Umsatz nicht. Der Feng Shui-Experte weiss aber auch, wie er diese Schwächen beheben kann. Würden die Bewohner und Eigentümer erkennen, welche Auswirkungen solche Mängel nach sich ziehen, würden sie viel schneller reagieren.

Abbildung 24: Unvorteilhaftes Treppenhaus, das einen konkreten Einfluss auf die Kommunikation und Teamfähigkeit der Mitarbeiter nahm.

Im Falle des Treppenhauses auf Seite 71 helfen ein neues Beleuchtungskonzept und ein neuer Anstrich. Das Treppenhaus soll hell und freundlich werden, Frische und Fröhlichkeit ausstrahlen.

Immer wieder findet man in Firmen Empfangsräume, in denen man sich nicht willkommen fühlt: Welchen Eindruck gibt beispielsweise ein Kundenempfang, bei dem der Kunde vor verschlossenen Fenstern ein Telefon betätigen muss? In einem Falle fehlte sogar bei der Beschriftung «Reception» das «R» – ausgerechnet der Buchstabe, der Kraft in sich trägt (vgl. Roi, Rex, Ra).

Vielfach ist das Entree klein, dunkel und düster. Doch der Empfangsraum bestimmt den ersten Eindruck: Der Besucher nimmt mit dem Energiemuster des Hauses Tuchfühlung auf und schliesst unbewusst auf die ganze Firma!

Abbildung 25: Alte Maschinen und Geräte, die nicht mehr im Gebrauch sind, halten ein Unternehmen in der Vergangenheit fest.

Alte, nicht mehr in Gebrauch stehende Maschinen und Gerätschaften, die in einem Abstellraum gelagert werden, haben ihren Einfluss. Sie halten den Betrieb in der Vergangenheit gefangen. Veränderungen, Modernisierungen lassen sich hier oft nur schwierig realisieren, denn die Belegschaft verhält sich konservativ und träge. Veränderungsprozesse werden vermieden.

Feng Shui-Analyse-Instrumente

Für die Analyse eines Gebäudes und die Ermittlung des Energieniveaus stehen dem Feng Shui-Berater verschiedene Analyseinstrumente zur Verfügung. Nachstehend erläutern wir zwei wichtige Instrumente.

Raumfunktionen und ihre symbolische Bedeutung
Wie bereits erläutert, werden im Feng Shui die Elemente eines Hauses gewissen Entsprechungen zugeordnet, beispielsweise entsprechen Korridore und Treppen der Kommunikation. Ebenso wird das Haus mit dem menschlichen Körper verglichen. Für die energetische Versorgung eines Gebäudes ist die Tür lebenswichtig, genauso zentral wie der Mund eines Menschen für die Nahrungsaufnahme.

Element	Körper-entsprechung	Funktion
Tür	Mund	Die Tür wird mit dem Mund verglichen. Durch den Mund nehmen wir lebenswichtige Nahrung auf. Durch die Türe kommt lebenswichtige Energie, das Chi, rein.
Fenster	Sinnesorgane (Auge)	Fenster bieten Ausblick, Weitblick und somit Visionen. Sie sind auch Öffnungen zum Einlassen des Lichtes, auch im mystischen Sinne.
Wand	Haut	Die Wand trennt die Innen- und Aussenwelt voneinander. Sie grenzt ab und gibt Schutz, was das Material Glas nicht vermag.
Dach	Kopf	Es beeinflusst die geistige Ausrichtung und hat Resonanz mit meinem Glaubenssystem (Beliefs, Glaubenssätze). Über-Ich, Werte, Normen.
Treppen und Korridore	Blutgefässe	Über Korridore und Treppen wird die Energie im Haus verteilt (Energie-Leitbahnen). Sie bestimmen, wie schnell das Leben abläuft. Sie entsprechen auch der Kommunikation.

Element	Körper-entsprechung	Funktion
Küche	Magen	Hier wird die für das Leben nötige Energie generiert. Ihre Lage ist damit für die Gesundheit ganz wesentlich.
Esszimmer	Bauch (Verdauung)	Hier entscheidet sich, wie die Impulse im Leben aufgenommen werden können. Ort des Geniessens.
WC/Bad	After Blase	Bestimmt die Entgiftung und Reinigung des Körpers, aber auch, wie schnell ein Prozess zum Abschluss gelangt. Selbstsorge.
Schlafzimmer	Regeneration	Stärkt den Yin-Pol des Körpers während der Nacht. Ohne Ruhe würde sich das Yang der Tagesaktivität verlieren. Rückzug, Intimität.
Arbeitsraum	Konzentrationsfähigkeit	Gibt die nötige Kontinuität im Leben und verhilft zur eigenen Weiterentwicklung und zum Erfolg.
Keller	Unbewusste	Was verdränge ich? Was liegt dort brach? Was staut sich dort? «Es», Unerledigtes.

Tabelle 26: Das Haus als Metapher bzw. das Haus mit seinen Entsprechungen

Der geneigte Leser wird sich fragen, was denn dem Herz entspreche. Einige sind der Ansicht, das Herz entspreche dem Wohnzimmer, dem «living room». Dieser Raum wird als halböffentlicher Raum bezeichnet, in dem man sich trifft, Besuch empfängt und ein Austausch stattfindet. Es ist somit der Aktionsraum, der Lebensmittelpunkt. Das Herzstück befindet sich also da, wo sich am meisten positives Chi bildet.

Das Business-Bagua

Ein weiteres Analyse-Instrument ist das Bagua, im Feng Shui das neunteilige Raster, mit dem ein Grundriss untersucht werden kann. Nachstehend gehen wir auf das Business-Bagua ein, wie es für Unternehmen angewendet wird.

Nehmen wir einmal an, dass sich im Bereich «Finanzen, Reichtum» die Toilettenanlage befindet. In einer solchen Situation ist es vermutlich eher schwierig, Substanz aufzubauen, da alles immer wieder weggespült wird. Oder: Im .

Bereich «Herkunft, Vorgänger» befindet sich ein Lager, in dem ein heilloses Durcheinander herrscht. Hier könnten Altlasten des Vorgängers, der seine Firma verkaufte, vorliegen. Diese könnten auf das Management Einfluss nehmen, das nicht über die notwendige Durchsetzungskraft verfügt und zaudert. Würde sich das Lager mit dem Gerümpel im Bereich «Projekte, Filialen» befinden, so würden vermutlich die Projekte harzen, oder es ergäben sich Probleme mit dem Filialaufbau. Dies sind sehr interessante Aspekte für die Unternehmensberatung. In den meisten Fällen lassen sich Korrekturen anbringen, aber nicht in allen!

Wohlstand, Goodwill Reichtum, Finanzen Optimismus Immaterielle Werte	Image Soziale Anerkennung Ruhm Stand	Kundenbeziehung Kundenbindung Partnerschaften Allianzen
Herkunft, Vorgänger Ursprung, Erbe Vorgesetzte Management	Herzstück Essenz Kraftpotenzial ZENTRUM	Filialen, Projekte New Business Kreativität Ideen, Innovation
Weisheit Know-how Kernkompetenz	Vision Lebensfluss Unternehmensentwicklung	Coaches Mentoren, Sponsoren Geschäftsfreunde Unterstützung
↑	↑	↑
Eingangsebene		

Grafik 27: Das Business-Bagua

Verkaufsgrund und andere Energieblockaden

Bei der Feng Shui-SWOT-Analyse sollten unbedingt auch die psychologischen und energetischen Ebenen miteinbezogen werden, um mögliche Verkaufsblockaden zu erkennen und aufzulösen. Die Praxis bestätigt immer wieder, dass solche Komponenten einen Verkauf sehr erschweren können und, falls diese nicht neutralisiert werden, das Objekt nur mit einem massiven Aufwand und mit einem Preisabschlag verkauft werden kann. Betrachten wir, welche Energieblockaden auftreten können.

Im Feng Shui ist es ganz wichtig, dass man die Geschichte des Hauses und der ehemaligen Bewohner bzw. Nutzer kennt. Es ist ein Indiz für die Qualität des Objektes. Auch der amerikanische Soziologe Michael Mayerfeld Bell geht davon aus, dass Menschen, die sich länger in einem Raum aufhalten, ihren «Geist» hinterlassen («Ghost of Place»). Dies macht einen Teil der Atmosphäre des Hauses aus und kann die nachfolgenden Bewohner beeinflussen.

Ganz wichtig für den Makler ist es somit zu wissen, warum das Haus verkauft wird. Die Erfahrung zeigt, dass die Auftraggeber nicht immer ehrlich sind oder nur die halbe Wahrheit sagen. So kann ein Objekt aufgrund einer Scheidung oder finanzieller Schwierigkeiten verkauft werden. Diese negativen Energien verbleiben vielfach im Haus und müssen neutralisiert werden. Besonders in Teppichen kleben solche Schwingungen. Oft hilft hier ein Umbau. Es kann aber auch sein, dass es den Verkäufern so gut geht, dass sie etwas Grösseres, Schöneres und Besseres wünschen. Bei Firmen wäre das dann der Fall, wenn sie stark expandieren und deshalb aus allen Nähten platzen. Es gibt unzählige Gründe, die einen erfolgreichen Verkauf ermöglichen oder eben verhindern. Die Chinesen sprechen hier von einem schlechten oder guten Feng Shui. Ist ein Verkauf nicht erfolgreich, dann stimmt das Preis-Nutzen-Verhältnis nicht (harte Faktoren). In Bezug auf die sanften, energetischen Einflüsse gibt es dagegen verschiedene Möglichkeiten:

- Die Eigentümer können sich vom Objekt noch nicht trennen und sabotieren den Verkauf (psychologisches Moment). Dies beobachtet man oft bei älteren Leuten, die ihr Einfamilienhaus aufgeben müssen, weil der Unterhalt von Haus und Garten ihre physischen Kräfte übersteigt, aber auch bei Menschen, die das Haus aufgrund äusserer Gründe aufgeben müssen (Ehescheidung, finanzielle Gründe, Arbeitsortwechsel) und innerlich nicht bereit sind wegziehen.
- Das Objekt ist von den ehemaligen Bewohnern und Nutzern belastet. Dabei geht es um emotionale und mentale Energien, die durch die Bewohner erzeugt wurden und noch im Haus lebendig sind.
- Auch dramatische Ereignisse, die im Haus oder auf dem Grundstück passiert sind, zum Beispiel ein Mord, können ein Objekt stark belasten. Manchmal ist es hilfreich, sich mit den historischen Ereignissen auseinanderzusetzen. So vertreten einige Experten die Ansicht, dass die Katastrophe des Kernkraft-

werkes von Tschernobyl im Jahre 1986 in der Ukraine auch deshalb geschah, weil sich dort im Zweiten Weltkrieg ein Schlachtfeld befand. Die deutschen Truppen hatten zwischen 1941 und 1944 die Ukraine besetzt. Man schätzt aus dieser Zeit gegen sieben Millionen Tote in der Ukraine. Tschernobyl heisst «Beifuss» und wird zum Teil fälschlicherweise als «Wermutskraut» übersetzt und damit mit der Offenbarung des Johannes (Apokalypse), 8.11, in Verbindung gebracht.

- Die Erfahrung zeigt, dass Mieter, die ein Verkaufsobjekt bewohnen, eine Veräusserung blockieren können, nicht bloss mit negativen Aussagen bei Objektbesichtigungen. Ihre Entschlossenheit, das Objekt nicht zu verlassen, ist vielfach eine stärkere Energie als die von vielen unschlüssigen Interessenten. Auch Mitbewohner in einem Mehrfamilienhaus, die keine neuen Nachbarn wollen, können ein abschreckendes Energiefeld aufbauen.
- Wenn wir davon ausgehen, dass die Natur, die Erde belebt ist, wird klar, dass wir durch den Bau eines Hauses der Natur etwas wegnehmen. Aus diesem Grunde war früher die Grundsteinlegung ein ritueller Akt, bei dem man sich bei den Naturgeistern bedankte, sich mit ihnen aussöhnte und arrangierte. Sie bekamen dafür einen andern Platz, oft markiert mit einem kleinen Steinhaufen. Wer tut dies heute noch? Aber die Praxis veranschaulicht es manchmal deutlich. Solche groben Annektierungen können Folgen haben: Während des Baus können sich Unfälle ergeben, ein harziger Verkauf, Streitigkeiten unter den neuen Bewohnern usw.

Für den erfolgreichen Verkauf eines Hauses ist es wichtig, Blockaden zu erkennen, um solche energetische Abschnürungen lösen zu können. Mittels Pendel lässt sich austesten, welche Art von Energie stört. Medial veranlagte Personen können die Störungen durch Meditation und durch eine bewusste Einstellung auf das Objekt erkennen. Aber auch wenn wir den Auftraggebern aufmerksam zuhören und ihnen Fragen stellen, erhalten wir bereits sehr viele Informationen.

Zusammenfassung
Wie wir gesehen haben, beschäftigt sich die «normale» SWOT-Analyse mit den baulichen, rechtlichen und ökonomischen Aspekten einer Liegenschaft. Hier

sprechen wir von Konstruktion, Architektur, Ausbaustandard oder Preis, Rentabilität sowie bau- und grundbuchrechtlichen Faktoren. Der Feng Shui-Makler zieht in seine Analyse zusätzlich noch die sanften Faktoren mit ein. Unter die psychologischen Aspekte fallen die inneren Saboteure (Glaubenssysteme, Loslassen) des Auftraggebers und Maklers. Unter den geomantischen Blickwinkel fallen die radiästhetischen Phänomene sowie die Energien der elementaren Intelligenzfelder (Elementarwesen). Dazu kommen die energetischen Betrachtungsweisen: mentale und emotionale Muster im Haus («Ghost of Place»), das Atmosphärische (Vitalfeld des Raumes; Chi) sowie störende Fremdenergien von Verstorbenen (Erdgebundenen).

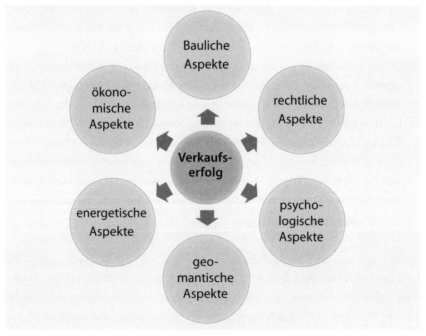

Grafik 28: Auf den Verkaufserfolg einflussnehmende Faktoren

Für einen Verkaufserfolg ist es wichtig, alle Faktoren zu nutzen und sie aufeinander abzustimmen. Vielfach sind es aber die weichen Faktoren, die letztlich den Ausschlag geben.

Ins grosse Meer eintauchen: Marktforschung und Trends

«Pioniere halten oft wenig von Statistiken, von Markt- und Meinungsforschung. Sie arbeiten oft nach dem Motto: Besser ungefähr richtig als haargenau falsch.»
Prof. Dr. Kasimir M. Magyar, Marketingspezialist, 1935*

Was wünscht der Kunde? Was sind seine Bedürfnisse? «Kenne deinen Kunden!» ist die klassische Aufforderung aller Marketing-Experten. Aber genau damit tut sich die Immobilien-Branche schwer. Die Branchenakteure vertreten die vermessene Haltung, den Markt zu kennen, obwohl es bislang wenig fundierte Studien darüber gibt. Marktforschung wird in der Immobilienbranche noch immer stiefmütterlich behandelt. Hauptziel und -zweck der Marktforschung ist es, objektive und wissenschaftlich gesicherte Grundlagendaten über den Markt und die Kundenbedürfnisse auf systematischer Basis zu erhalten. Marktforschung gilt als eines der wichtigen Werkzeuge des Marketings. Die Aufgaben der Marktforschung können wie folgt zusammengefasst werden:

- Befriedigung des Informationsbedarfs der Entscheidungsträger (Entscheidungshilfen)
- Absicherung und Bestätigung von bereits getroffenen Massnahmen
- Informationen über den Markt: rechtzeitige Erkennung von Trends, Chancen und Risiken, die den Erfolg beeinflussen. Einschränkung von Risiken
- Ständige Verbesserung des relevanten Informationsstandes
- Generelle Sicherheit im beruflichen Alltag
- Lieferung von Verkaufsargumenten für die Vermarktung

Für eine Marktforschung stehen folgende Methoden zur Verfügung:

Primär- oder Feldforschung (Field Research)
Bei dieser Methode wird das Datenmaterial eigens für den zu deckenden Informationsbedarf erhoben, meistens durch direkte Befragungen, systematische Beobachtungen und Tests sowie Experimente. Die Befragungen können persönlich, telefonisch oder schriftlich erfolgen. Das Datenmaterial ist also aktuell

und problembezogen und dementsprechend aufwendig und teuer. In der Marktforschung wird zwischen qualitativen (kleine Diskussionsgruppe) und quantitativen Umfragen unterschieden.

Sekundär- oder Schreibtischforschung (Desk Research)

Bei der Sekundärforschung werden die Daten aus bereits vorhandenem Datenmaterial gewonnen (eigene oder externe), zum Beispiel aus Statistiken, Berichten, Zeitungen, Publikationen usw. Die Daten sind damit nicht aktuell, die Genauigkeit, die Detailliertheit sowie der Umfang entsprechen nicht unbedingt dem Informationsbedarf.

Primärforschung	Sekundärforschung
• Befragungen: persönlich, telefonisch, schriftlich, online • Systematische Beobachtungen, z. B. vor Ort • Tests • Experimente	• betriebliche und amtliche Statistiken • Branchenstatistiken • interne oder externe Datenbanken • Zeitungen, Zeitschriften, Publikationen • Internetrecherchen • Explorative Marktforschung: nicht themenspezifisch erhobene Daten

Das Hauptproblem der Marktforschung ist nicht unbedingt die Datengewinnung, sondern deren Interpretation!

Übertragen wir die Marktforschung auf die Immobilienbranche, ergeben sich folgende möglichen Grundthemen:

1) Allgemeine Beurteilung der gegenwärtigen Wohnsituation

- Wie zufrieden ist der Mieter oder Hausbesitzer mit seinem Objekt?
- Was für Wünsche, Präferenzen und Idealvorstellungen hat er?
- Beabsichtigt er umzuziehen (Umzugsrate)? Was sind die Gründe für den Umzug?
- Wünscht er Eigentum (Marktkapazität)?
- Wann will er diesen Wunsch konkret realisieren (Marktpotenzial)?
- Auf was würde er verzichten, wenn dafür der Preis tiefer wäre?
- Was würde am Objekt geändert, wenn man frei wählen könnte?

2) Einstellungen zum Grundeigentum und zu politischen Themen
- Beurteilung der ethischen Grundlagen des Grundeigentums?
- Einstellungen zu Privat- und Staatseigentum an Grund und Boden?
- Einstellungen zur reinen Marktmiete usw.

3) Branchenimage
- Wie ist das Image der Promotoren, Verwaltungen und Immobilien-Treuhänder?

4) Mieter-Vermieter-Verhältnis; Zufriedenheit mit dem Vermieter
- Erfahrungen mit den Verwaltungen, Wahrnehmung und Beurteilung?

5) Bekanntheitsgrad und Firmenimage
- Bekanntheitsgrad der Immobilienfirma?
- Umweltbewusstsein der Firma?
- Firmeneigenschaften/Polaritätsprofil?

Nebst der professionellen, wissenschaftlich gesicherten Marktforschung gibt es die eigene, persönliche Marktforschung, d.h. die Markterkundung. Die Markterkundung ist Bestandteil der täglichen Arbeit: Man befragt Kunden, Lieferanten und andere Marktteilnehmer. Dies ist auch der Haupteinwand der Branche gegen die Marktforschung. Sie vertritt die Meinung, den Markt durch die persönlichen Erkundungen bereits zu kennen. Man sei ja schliesslich täglich mit dem Markt, d.h. den Kunden in Kontakt. Solche Markterkundungen sind aber Pflicht – nicht Kür! Hier zusammenfassend der Unterschied:

Markterkundung	Marktforschung
• Umhören und Befragen bei Kunden • Bestandteil der täglichen Arbeit • unsystematisch • subjektiv: persönliche Erlebnisse, Zufälligkeiten, Gerüchte	• systematisch, objektiv • wissenschaftlich gesichert, zielgerichtet • klare Aufgabenstellung

Untersuchen wir noch zwei weitere Begriffspaare: Die Marktbeobachtung und die Marktanalyse:

Die *Marktbeobachtung* (dynamisch) ist ebenso wie die Marktanalyse ein Mittel der Marktforschung. Dabei ist allerdings zu beachten, dass die Marktbeobachtung den Markt über längere Zeit beobachtet, wie der Name schon sagt, und die Ergebnisse zusammenfasst (systematische Erfassung). Ziel ist es, aktuelle und umfangreiche Informationen für den betreffenden Markt über einen gewissen Zeitraum zu erhalten, um Trends abzuleiten.

Die *Marktanalyse* (statisch) ist im Gegensatz zur Marktbeobachtung nur eine kurzfristige Darstellung der Situation, weshalb man auch von einer Zeitpunktbetrachtung spricht. Dabei werden die Daten erhoben, die gerade aktuell sind und für Entscheidungen herangezogen werden können. Die Marktbeobachtung dagegen geht weiter und liefert umfassendere Informationen. Einige Autoren vertreten die Ansicht, dass die Marktbeobachtung ausschliesslich unter die persönliche Marktforschung fällt: permanentes Zeitungslesen, publizierte Angebote im Zielmarkt erfassen usw.

Nachstehend die Zusammenfassung beider Begriffe:

Marktanalyse	Marktforschung
• Grundstruktur des Marktes zu einem bestimmten Zeitpunkt • vergleichbar mit einer Bilanz • statisch • Ist-Zustand	• Ablauf des Marktgeschehens, Marktentwicklung • vergleichbar mit einer Erfolgsrechnung • dynamisch • regelmässige Erhebungen • Persönliche Marktbeobachtung: Bestandteil der täglichen Arbeit

Marktforschung und Feng Shui

Sollen wir jeden Tag die wichtigsten Tageszeitungen und Fachzeitschriften studieren, um Trends zu erkennen? Das ist doch zeitaufwendig. Gibt es keine anderen Informationsquellen? Soll der einzelne Makler eine Marktforschungsstudie aufgeben? Wohl kaum! Dies wäre vielleicht die Aufgabe eines Branchenverbandes. Wenn wir von der Hypothese ausgehen, dass wir Menschen auf der

Ebene des kollektiven Unbewussten (vgl. C.G. Jung) miteinander verbunden sind, können wir auch zu allen Menschen Zugang finden. Über die Meditation gelangen wir auf die Ebene des kollektiven Unbewussten. Hier erspüren wir, wohin die Reise geht. Oft ist es so, dass grosse Erfindungen beinahe gleichzeitig gemacht werden. Ein Argument dafür wäre sicherlich, dass die Zeit einfach reif dazu war. Eine andere Erklärung ist, dass die Forscher auf unbewusster Ebene miteinander verbunden waren. Eine Begegnung auf einer solchen Ebene ist wahrhaftiger als die Marktforschung, da auf dieser Stufe Authentizität herrscht.

Viele Gespräche mit Unternehmern ergaben, dass neue Produkte, die aufgrund von umfassenden Marktforschungsstudien initiiert wurden, oft ein Flop waren. Andere Projekte hingegen, die auf einem reinen Bauchentscheid beruhten, waren ein Erfolg. Dies soll kein Plädoyer gegen die Marktforschung sein. Tatsache ist aber, dass die wirtschaftlichen und sozialen Komplexitäten und Veränderungsdynamiken in den letzten Jahren sehr stark zugenommen haben, sodass es oft schwierig ist, die Übersicht zu behalten und die Situation vollumfänglich zu erfassen und dann noch die richtigen Entscheidungen zu treffen. Das rein bewusst-rationale Vorgehen (Yang) reicht nicht mehr aus. Um sich darin zurechtzufinden, braucht es die Kernkompetenz «Intuition» (Yin) im Sinne eines inneren Autopiloten. Dies hat nichts mit esoterischer Spekulation zu tun.

Die Intuition ist in vielen Bereichen hilfreich: erfassen der Essenz, Kreativitätssteigerung, erspüren des richtigen Moments, Reduktion einer Komplexität, Vernetzungen erkennen, erahnen der Zukunft usw. Es lohnt sich also, ab und zu in das grosse Meer des Unbewussten einzutauchen und hineinzuhorchen. Im praktischen Alltag könnte dies bedeuten, dass wir das nächste Mal, wenn wir die Tageszeitung durchblättern, uns darauf einstellen, dass wir auf eine für uns wertvolle Information stossen. Das Experiment lohnt sich. Vielleicht springt uns dann ein kleiner Artikel ins Auge, dass eine grosse, ausländische Firma sich in unserer Gegend niederlassen möchte, wir «zufälligerweise» notwendige Büroräumlichkeiten im Angebot haben. Die Lösung lauert überall! Auch hat sich bewährt, monatlich einen «Innovationstag» einzuschalten. Am besten gehen wir aus dem Büro, irgendwo in die Natur hinaus, ausgerüstet mit viel Papier und Schreibzeug. Dort reflektieren und meditieren wir immer über die gleichen Fragen: Wie können wir unsere Dienstleistung noch verbessern? Wie wird sich der

Immobilienmarkt künftig gestalten? Wie entwickeln sich die Wohnbedürfnisse? Wie kommen wir zu lukrativeren Aufträgen? Wie verkaufen wir noch schneller? Wie entwickelt sich unser Unternehmen in nächster Zeit, in fünf Jahren? Selbstverständlich können wir an diesem Tag auch über aktuelle Herausforderungen meditieren. Auf externe Ressourcen und auf die spirituelle Kommunikation werden wir noch zu sprechen kommen.

Interessant ist, dass die Marketingspezialisten Craig R. Hickman und Michael A. Silva bereits vor rund 25 Jahren schrieben, dass sechs Eigenschaften den New-Age-Manager auszeichnen.

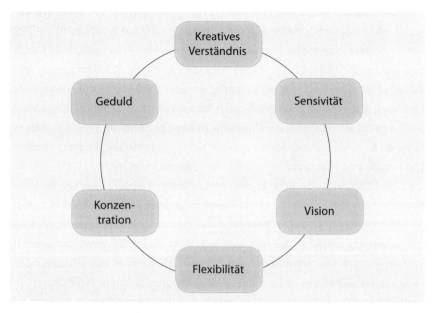

Sensitivität und Visionsbildung waren also schon vor rund 25 Jahren ein Thema, doch nur wenige interessierten sich dafür. Im nächsten Kapitel werden wir ausführlicher auf die Visionen und Ziele eingehen.

Zielsetzungen

«Wenn einer nicht weiss, in welchen Hafen er segeln soll, ist kein Wind für ihn richtig.»
Seneca (Lucius Annaeus Seneca) römischer Philosoph (Stoiker), 1 v. Chr.– 65 n. Chr.

Nachdem wir uns intensiv mit den Analysen beschäftigt haben, können wir uns den Zielen zuwenden. Damit der Makler realistische Ziele setzen kann, muss er eine Standort- und Marktanalyse bzw. SWOT-Analyse durchgeführt haben. Da er jedoch in den meisten Fällen bestehende Objekte zur Vermarktung hat oder direkt ab Plan verkauft, steht für ihn die SWOT-Analyse im Vordergrund, da es hier um die Einschätzung der Marktchancen geht. Die SWOT-Analyse dient also ganz direkt als Grundlage für die Zielsetzungen und Bestimmung der Strategie.

Grafik 29: Elemente, welche die Zielsetzung beeinflussen können

Die obigen fünf Elemente beeinflussen die Zielformulierung. Aufgrund der SWOT-Analyse kann der Makler die Marktchancen gut einschätzen und weiss somit, wie lange es dauert, bis er das Objekt verkauft hat und wie viele Marketingaufwendungen, insbesondere Werbemittel, es dazu benötigt. Die Standort- und Marktanalyse wird eher im Sinne einer Risikominimierung erstellt. Aber auch hier können nach einem positiven Entscheid die Ziele aufgrund der Analyse realistischer gesetzt werden. Die Marktforschung dient eher langfristigen Trends, die es bei Projektentwicklungen zu berücksichtigen gilt.

Weiter beeinflussen die eigenen Werthaltungen bzw. diejenigen des Auftraggebers die Zielsetzung: Welche Vorstellungen bestehen in Bezug auf die Bruttomarge, Qualitätsansprüche, Preisgestaltung und Termine? Als Letztes sind die Ansprüche der Gesellschaft massgebend. Sie sind vor allem bei Grossprojekten relevant. Somit bilden die Analysen die Grundlagen für die Festlegung der Ziele und Strategie.

Ziele und Marketing

«Alle leistungsfähigen Menschen sind ausgesprochen zielorientiert. Sie haben eine klare Vision von ihrer idealen Zukunft.»
Brian Tracy, US-amerikanischer Management-Trainer und Sachbuchautor, 1944*

Zielsetzungen sind ein zentraler Bestandteil bei jedem Konzept. Dabei geht es um die Konzentration der Kräfte. Bekanntlich wächst das, worauf wir unser Bewusstsein richten. Aber worauf sollte man sich denn fokussieren? Wie ist ein Controlling vorzunehmen, wenn die Ziele nicht bekannt sind? Wohin soll unsere Energie fliessen? Wie können wir Chancen erkennen, wenn wir nicht wissen, wohin die Reise geht? Wir wissen dann auch nicht, was wir zur Erreichung des Ziels benötigen bzw. wer uns dabei helfen könnte. Ohne Ziele werden wir zum Spielball der Gesellschaft. Beruflich setzt sich mancher Ziele, privat tun dies aber nur wenige. Schade! Wer nimmt sich gegen Ende des Jahres schon Zeit, um private kurz-, mittel- und langfristige Ziele zu erarbeiten, und zwar für die wichtigsten Lebensbereiche: Partnerschaft, Kinder, Beruf, Gesundheit und Finanzen?

Die wichtigsten Aspekte einer erfolgreichen Zielsetzung sind gemäss Brian Tracy:

Klarheit	Entscheiden Sie, was Sie genau wollen.
Schriftlichkeit	Schreiben Sie es klar und detailliert auf.
Terminierung	Setzen Sie einen Termin, bei grossen Zielen Etappenziele.
Planung	Erstellen Sie einen genauen Plan, was Sie tun können, um das Ziel zu erreichen. → Aktivitätenliste mit Termin und Priorität
Umsetzung	Gehen Sie an die sofortige Umsetzung. Alles beginnt mit einem ersten Schritt (Konfuzius).
Commitment (Ausmass der Identifikation)	Gehen Sie eine 100-prozentige Verpflichtung ein. Geben Sie niemals auf!

Ziele können qualitativer und quantitativer Natur sein. Ein Ziel ist ein in der Zukunft liegender Endzustand oder Endpunkt eines Prozesses. Aus der Marketingperspektive ist es der Soll-Zustand. Allgemein gesprochen gibt es folgende Marketingziele:

Qualitativ Keine exakte Messvorschrift; sehr aufwendig festzustellen (Marktforschung); fürs Marketing besonders wichtig	Märkte, Leistungen, Bekanntheit, Prozesse, Image (Qualität, Dienstleistung etc.), zufriedene Kunden, Kontaktqualität, Positionierung usw.
Quantitativ Wirtschaftliche Ziele, einfach messbar, «Leitzahlen» in Geld oder Mengen → Rechnungswesen → Statistik	Umsatz, Absatz, Gewinn, Marktanteil, Deckungsbeiträge, Umsatzrendite, Kontakthäufigkeit, pünktliche Lieferung usw.

Tabelle 30: Qualitative und quantitative Marketingziele

Quantitative Ziele können nach dem SMART-Prinzip erstellt werden. Der Begriff **SMART** stammt aus dem Projektmanagement und ist ein Akronym für: **S**pecific **M**easurable **A**chievable **R**elevant **T**imely. In der deutschen Version bedeutet es:

Spezifisch **M**essbar **A**ngemessen **R**ealistisch **T**erminiert. Es sollen Meilensteine (Zwischenziele, vgl. Phasenmodell bei grösseren und länger dauernden Projekten) definiert werden.

Mögliche Ziele in der Immobilien-Vermarktung
Auch für die Vermarktung einer Immobilie müssen mögliche Ziele definiert werden. Nachstehend sei eine Auswahl davon aufgelistet.

Quantitativ
- Umsatzziel (Euro, bis wann?)
- Absatzziel (Anzahl Wohnungen, bis wann?)
- Marketingkosten pro Einheit (z.B. Wohnung)
- Anzahl Kontakte auf Print-Inserate
- Anzahl Kontakte auf Online-Inserate
- Anzahl Kontakte aufgrund der Vermarktungstafel vor Ort
- Anzahl versandter Prospekte/Dokumentationen
- Anzahl Besichtigungen vor Ort
- Anzahl Interessenten am «Tag der offenen Tür»
- Anzahl Anfragen aufgrund von PR-Aktionen (PR-Artikel, Veranstaltungen)
- Anzahl Besucher auf der eigenen Website
- Anzahl Kaufzusagen (Absichtserklärung)
- Durchschnittliche Vermarktungsdauer pro Objekt
- usw.

Qualitativ
- Kontaktqualität (Qualität des Verkaufsgeschehens: seriös, zuvorkommend, effizient, entsprechend unserem guten Image, zufriedene Kunden)
- Guter Service, kompetente und seriöse Beratung (Produktekenntnis usw.)
- Positives Image der Überbauung (das Image soll sein ...)
- Bekanntheitsgrad der Überbauung und der eigenen Firma (aufbauen, festigen, aktualisieren)
- Kundenzufriedenheit
- Positionierungsziel
- usw.

Aus Sicht des Marketings sind die qualitativen Ziele für den Immobilien-Makler ebenso wichtig wie die quantitativen, auch wenn sie schwer messbar sind oder dies nur mit einem sehr grossen Aufwand. Als Vermarkter sollten wir die Ziele detailliert formulieren und nicht nur die Grobziele des Auftraggebers übernehmen. Dies kann auch in tabellarischer Form sein. Die Tabelle sollte enthalten:
- Ziel-Inhalt – *Was?*
- Ziel-Ausmass – *Wie viel?* Euro, Stück
- Ziel-Termin – *Wann?*
- Ziel-Verantwortung – *Wer?* Konkreter Name

Ziel-Inhalt	Wie viel?	Termin	Wer?
Prospektversand	80	30. Juni 2009	H.P. Maier
Besichtigungen	20	30. April 2009	R. Aebi
Verkäufe: Anzahl Wohnungen	3	31. Juli 2009	R. Hafner
Internet-Besuche	1000	30. April 2009	D. Mataré

Tabelle 31: Konkrete Vermarktungsziele

Bei grösseren Projekten lohnt es sich, noch den «Ziel-Ort» *(Wo?* Markt, Segment, Land) in die Tabelle aufzunehmen, da man hier vermutlich unterschiedliche Segmente anspricht.

Fassen wir zusammen: Aufgrund der vorhergegangenen Analysen können wir die Ziele realistisch festlegen. Herkömmlich werden die Ziele rein kognitiv formuliert (Yang). Das ist auch gut so. Das Rationale dürfen wir aber trotzdem nicht überbewerten, denn alles lässt sich nicht errechnen. Zudem müssen wir oft auch sehr rasch entscheiden, sodass gar keine Zeit bleibt, um weitere Abklärungen und Analysen zu erstellen. Im Sinne der Ganzheitlichkeit benötigt es noch ein anderes Element: die Intuition (Yin).

Wu Wei (Nicht-Handeln)

Das Tao handelt nicht
doch nichts bleibt ungetan

Wer handelt, verdirbt – wer festhält, verliert

Weil der Weise nicht handelt, verdirbt er nichts
Weil er nicht festhält, verliert er nichts

Dem inneren Licht zu folgen
führt zur Einsicht zurück
und bewahrt vor Unheil

Tao Te King, aus Vers 37, 52 + 64 Laotse, Übersetzer: Bodo Kirchner

In der Geschäftswelt arbeitet man ausschliesslich mit Zielen. Ziele werden aufgrund von Entscheidungen definiert. Entscheidungen sind das Wesen des Managements und gleichzeitig ein Bekenntnis zum Handeln. «Wu Wei» steht dazu in einem scheinbar grossen Gegensatz. Gemäss dem Konzept des Wu Wei sollte man überhaupt keine Ziele haben. Laotses Prinzip vom Nicht-Handeln ist ein wesentlicher Bestandteil des Taoismus. Im Folgenden wollen wir diese scheinbar unvereinbaren Polaritäten näher untersuchen.

Wir haben gesehen, wie wichtig die Marketingziele sind und wie wir sie formulieren können. Auf der anderen Seite steht das taoistische Konzept des Wu Wei. Was bedeutet dies für den «Makler des Tao»? Wu Wei lehrt uns «Nichthandeln» oder «Nichts tun». Dies meint aber auf keinen Fall ein «Laissez-faire», Faulheit, Trägheit, Entscheidungs- und Ziellosigkeit, ein Handeln ohne jegliche Leidenschaft und Power oder ein nutzloses Dahinvegetieren, wie zur Zeit der Hippies. Es ist auch kein endlos geduldiges Zuwarten. Wie sagte schon Ovid: «Hoffen und Harren macht manchen zum Narren»?

Wu Wei zeigt uns vielmehr, dass wir im Einklang und Fluss mit der eigenen

Natur und dem Tao sein sollen. Dies bedeutet, sich dem natürlichen Fluss des Lebens hinzugeben und nicht gegen den «Strich» zu handeln (Tzu-jan – selbst-so, natürlich). Wir sollen mit der Flut gehen, mit dem Wind und uns zu nichts zwingen. Dieses Prinzip wird auch in den asiatischen Kampfsportarten, wie Judo oder Aikido, klar: «Wenn er stösst, dann ziehe ihn, wenn er zieht, stosse ihn.» Wu Wei ist ein Lebensstil: Man kennt die Natur und die Gesetze und nutzt sie mit einem Minimum an Energie. Dies setzt aber eine grosse Achtsamkeit sowie ein genaues Beobachten voraus. Die Problematik der westlichen Planung besteht oft darin, dass die Entscheidungen leider nur mit dem Intellekt und ohne Intuition gefällt werden. Wir analysieren den Sachverhalt bis ins kleinste Detail und gehen nur noch rein kognitiv vor. Vor lauter Bäumen sehen und spüren wir den Wald nicht mehr. Worum geht es nun konkret beim Wu Wei? Auch der Taoist handelt!, doch seine Handlungen erfolgen aus seiner Intuition, aus dem höheren Selbst heraus und entsprechen seiner eigenen Natur, seiner Seele. Alle wichtigen Entscheidungen werden intuitiv gefällt. Das Wissen wird aus einer andern, höheren Ebene bezogen.

Ziele im Einklang mit sich selbst

«Überlegen Sie genau, welche Art von Arbeit Ihren Wünschen und Neigungen am ehesten entspricht. Sollte es den betreffenden Berufszweig (noch) nicht geben, dann schaffen Sie ihn eben!»

Napoleon Hill, amerikanischer Schriftsteller, 1883–1970

Leider fällen wir unsere allerwichtigsten Entscheidungen in der Partnerschaft, dem Beruf, bei der Arbeit oder beim Wohnen nur allzu oft im Kopf. Dass dies langfristig nicht gut gehen kann, liegt auf der Hand, denn wir missachten dabei unter Umständen unsere Seele. Friedrich Nietzsche bemerkte richtig: «Schicksal, ich folge dir, sonst muss ich nur unter Tränen kommen.» Meditation ist ein wichtiger Schlüssel zur Selbsterforschung. Gute Dienste kann hier das I Ging leisten, indem es jeweils bei wichtigen Entscheiden befragt wird. Der Schweizer Tiefenpsychologe C. G. Jung erklärte dies sehr treffend: «Man muss psychisch geschehen lassen können. Das ist für uns eine wahre Kunst, von welcher unzählige Leute nichts verstehen, indem ihr Bewusstsein beständig helfend, korrigierend und verneinend dazwischenspringt und das einfache Werden des psychischen Prozesses nicht in Ruhe lassen kann. Die Aufgabe wäre ja einfach genug. Wenn nur nicht die Einfachheit das Allerschwierigste wäre!» An anderer Stelle führt Jung weiter aus: «Das Ziel ist nur als Idee wichtig, wesentlich aber ist das *opus,* das zum Ziel hinführt: Es erfüllt die Dauer des Lebens mit einem Sinn.» Weg und Ziel sind die beiden Seiten einer Medaille. Auch Taoisten setzen sich Ziele. Ohne Ziele gäbe es gar keine Entwicklung, keinen Fortschritt. Ziele liegen in der Zukunft, der Weg ist in der Gegenwart, im Hier und Jetzt. Die Gefahr besteht allerdings darin, dass wir nur noch in der Zukunft leben (Ziele), anstatt den Weg zu geniessen (Gegenwart).

Es geht also darum, dass wir unser Inneres, unser Selbst meditativ ergründen und herausfinden, wohin unsere Reise geht. Es ist eine höhere Verpflichtung, den Sinn unseres individuellen Lebens in bestmöglicher Form und im grösstmöglichen Umfang zu verwirklichen. Leisten wir also unserer Natur Folge! Geben wir unserer innersten, unvergleichbaren Einzigartigkeit Ausdruck. Man spricht heute in diesem Zusammenhang oft von der «Vision Quest» (Visionssuche), der Suche nach der eigenen Vision. Die Visionssuche wird bei vielen traditionellen Völkern praktiziert und stellt ein Übergangsritual dar, das meistens von jungen Männern durchgeführt wird: der Eintritt ins Erwachsenenalter. Früher schickten die Lakota-Indianer die jungen Männer alleine für einige Tage in die Natur hinaus, damit sie in der Einsamkeit und Stille ihre Lebensaufgabe, ihre wahre Natur erkannten. Dann durften sie wieder zurückkehren. Die empfangene Vision wurde als Geschenk sowie auch als Verpflichtung betrachtet und mit der Familie entsprechend gefeiert. Auch eine Pilgerfahrt kann als Visionssuche angesehen werden, die der Lösung persönlicher Probleme und Fragen dient. Denise Linn bezeichnet die Vision Quest richtigerweise als «Selbstfindung in der Einsamkeit».

Der Weg von der Vision zum konkreten Ziel erfolgt in mehreren Schritten. Zuerst müssen wir durch Introspektion unsere eigene Vision erkennen. Danach ist es unbedingt notwendig, einen klaren und konkreten Entscheid zu fällen, die erkannte Vision auch wirklich umzusetzen, bevor die genauen Grob-Ziele definiert und formuliert werden.

```
Vision          Entscheidung      Ziele
erkennen    >>  fällen        >>  formulieren
```

Grafik 32: Von der Vision zum konkreten Ziel

Die individuelle Lebensaufgabe, die innere Vision muss also zuerst erkannt werden. Um diese Vision baut sich dann das Marketingkonzept auf. Die Lebensaufgabe steckt meistens in den eigenen Stärken und Fähigkeiten (SWOT-Analyse). Da, wo eine Nachfrage nach den eigenen Fähigkeiten besteht und der Raum noch nicht von der Konkurrenz besetzt ist, liegt die grosse Chance (strategisches Fenster). Anders ausgedrückt: Wenn die gesetzten Ziele nicht mit der eigenen Natur übereinstimmen, hilft das tollste Marketingkonzept nichts, und der Erfolg bleibt aus. Das lässt sich oft beobachten, wenn der Sohn den Beruf seines Vaters erlernen muss, damit er später das Geschäft, das seit Generationen im Familienbesitz ist, übernehmen kann. Dazu Dschuang Dsi's Worte: «... Sie verschütten das Göttliche, das in ihnen ist, weichen ab von ihrer Natur, zerstören ihre Gefühle und vernichten ihren Geist, um dem Wandel der Menge zu folgen» (Kapitel XXV, Vers 6).

Management by Intuition

«Das Herz hat seine Gründe, die der Verstand nicht kennt.»
(«Le cœur a ses raisons que la raison ne connaît pas.»)

Blaise Pascal, französischer Philosoph, 1623–1662

Es ist erfreulich zu beobachten, dass heute vermehrt Bücher auf den Markt kommen, die eine «neue», grosse Erkenntnis postulieren: Die Intuition ist auch im Wirtschaftsleben sehr wichtig geworden – ein Plädoyer für die Bauchgefühle. Untersuchungen der Harvard Business School und andere führende europäische Institute besagen, dass die wichtigsten Werkzeuge für Führungskräfte im

21. Jahrhundert *Meditation* und *Intuition* sind. Die Taoisten sowie die westlichen Mystiker schätzen den Wert der Intuition schon lange. Auch bekannte Managementzentren lassen Shaolin-Mönche (Chan-Buddhismus) einfliegen, um uns Europäern das verlernte tiefe Wissen wieder beizubringen. Selbst der indische Arzt und Hinduist Deepak Chopra, Autor vieler spiritueller Bücher, hält bei Managementseminaren Einzug. Es ist richtiggehend Mode geworden. Dabei stellt sich aber die Frage, ob der Europäer bereit und auch fähig ist, den Lebensstil des Wu Wei zu übernehmen. Diese Lebensart braucht Zeit und Musse, um einfach einmal stehen bleiben und staunen zu können. Das Lebenstempo muss verlangsamt werden. Wie erwähnt, agiert der Taoist aus einer andern Ebene, dem Tao heraus. Die Alchemisten nannten dies die «Umkehr der Lichter».

Wie lösen wir nun den scheinbaren Konflikt, diese Polarität von Kopf und Herz, Intellekt und Intuition? Wir wissen, dass Yin und Yang keine Gegensätze sind, sondern sich gegenseitig bedingen und ergänzen. Folgende Darstellung soll uns für das Verständnis helfen:

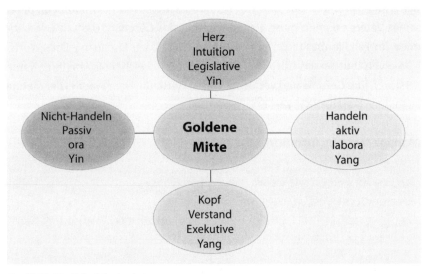

Grafik 33: Die Polarität des Lebens

Es geht nicht darum, dass wir nur noch rein intuitiv vorgehen sollen oder nur noch rational, sondern dass wir die Intuition und den Intellekt in unser Handeln integrieren. Der begnadete Manager lässt sich alle Fakten (Analysen) geben, studiert sie und handelt dann unter Berücksichtigung aller Aspekte intuitiv. Anstelle des Entweder-oder entscheiden wir jeweils situativ, in welchem Bereich wir uns mehr bewegen sollen, im Yin oder im Yang, und leiten daraus unser Handeln ab.

Visionssuche in Betrieben

Nicht nur bezüglich seiner persönlichen Ziele kann man über Visionen meditieren, sondern es ist auch in Betrieben möglich. Rudolf Mann beschreibt in seinem Buch «Das visionäre Unternehmen» den meditativen Prozess der Entwicklung einer Unternehmensvision. Dieser ist also auch mit einer Gruppe möglich. Eine Firma verfügt ebenfalls über eine Art von «Seele». Diese zu ergründen, das Potenzial zu erfassen ist das Ziel einer solchen Suche. Aus diesem Grunde ist es auch möglich, ein Firmenhoroskop zu erstellen. Wichtig ist jedoch, dass eine Vision nicht erarbeitet werden kann, sondern entdeckt werden muss, da sie ja bereits vorhanden ist. Gerne sei an dieser Stelle das eindrückliche und offene Buch des Musikunternehmers Hans Jecklin und Martina Köhler, «Wirtschaft wozu? Abschied vom Mangel», erwähnt. Darin beschreibt er ebenfalls den Prozess der Visionssuche innerhalb seines Betriebes. Erwähnenswert ist seine Feststellung, dass die wirklich guten Geschäfte selten aufgrund einer konzeptionellen Planung zustande kamen, sondern meist aufgrund von Bauchentscheidungen und/oder von «Zufällen».

Erfolgsfaktor Intuition und der Makler

Wir haben erkannt, wie wichtig es ist, die Intuition und den Intellekt zu respektieren, aber auch zu integrieren. Vor allem, wenn es um die grosse Marschrichtung geht, gilt es, beide Arten der Erkenntnis intuitiv anzuwenden. Erst der Einbezug der Intuition macht das professionelle Handeln effektiver und effizienter. So soll man auch bei der Vision eines Projektes erspüren, was der Standort verlangt. Es geht aber noch weiter: Wäre es nicht herrlich, wenn wir inskünftig schon bei der ersten Besichtigung unseres künftigen Verkaufsobjektes den effektiven Verkaufspreis intuitiv erfassen, die energetischen Blockaden des Objektes sofort erkennen, aber auch den künftigen Nutzer bzw. Käufer vor unserem geistigen Auge erblicken könnten? Wir müssten dann nur noch diesen Käufer finden. Früher nannte man dies «Berufsflair». Der Feng Shui-Berater muss seine Intuition instrumentalisieren und in den Berufsalltag einbauen. Wir werden immer wieder darauf zu sprechen kommen und auch Anwendungsmöglichkeiten aufzeigen. Die Intuition bzw. «Passibility» (Empfindsamkeit, Sensibilität) wird zum fünften «P» im Marketing-Mix, wie wir noch sehen werden.

Es würde den Rahmen dieses Buches sprengen, wenn wir noch vertiefter in den Taoismus und das Wu Wei-Konzept eintauchen würden.

Segmentierung

Um die definierten Verkaufsziele erreichen zu können, müssen wir die richtigen Kunden ansprechen. Dazu bedienen wir uns der Segmentierung. Wie bedeutend die SWOT-Analyse ist, zeigt sich spätestens dann, wenn wir eine Segmentierung vornehmen. Wer könnte in diesem Haus oder in dieser Wohnung glücklich sein? Für welche Branche sind die Verkaufsflächen besonders ideal?

Alle Kunden kann man nie bedienen. Es empfiehlt sich deshalb, eine spezifische Marktbearbeitung vorzunehmen. Dazu bedient man sich der Marktsegmentierung, d.h., man unterteilt den Markt in klar abgegrenzte, sinnvolle und möglichst homogene Untergruppen von Kunden, d.h. in Abnehmergruppen, die vergleichbare Bedürfnisse oder ähnliche Kaufgewohnheiten sowie Einstellungen, Ziele oder Motive aufweisen. Daraus folgt die *Zielmarktfestlegung* bzw. die Zielgruppenbestimmung. Die Zielmarktfestlegung ist die Auswahl und Konzentration auf jene Marktsegmente, die wir mit unseren Verkaufsobjekten am wirksamsten bedienen können. Eine Segmentierung kann also nur vorgenommen werden, wenn wir zuvor eine SWOT-Analyse durchgeführt haben, d.h., wenn wir das Objekt sehr gut kennen.

Grob- und Feinsegmentierung

Wir unterscheiden zwischen Grob- und Feinsegmentierung. Der Unterschied liegt im Zweck der Segmentierung. Die Grobsegmentierung dient der *Marktwahl,* d.h., es werden Segmente gebildet, die bearbeitet werden oder eben nicht. Dabei werden nur wenige Segmentierungskriterien angewendet (z.B. Familiengrösse). Die Feinsegmentierung dient der konkreten *Marktbearbeitung.* Hier werden die Kunden in Gruppen unterteilt, die unterschiedlich bearbeitet werden. Nachstehend finden sich die vier wichtigsten Segmentierungskriterien:

Eingangshof einer international tätigen Produktionsfirma (Ist-Zustand). Der Hof ist sehr unattraktiv, und kaum jemand würde hier den Eingang einer solchen Firma vermuten.

Vorschlag des Feng Shui-Beraters (Soll-Zustand). Mit wenig Aufwand kann der Hof aufgewertet werden, und die Besucher finden ihren Weg zum Eingang.

Durch den Steinboden, das viele Metall und die Farben Weiss und Blau wirkt der Coiffeursalon sehr kalt.

Hier wurde hauptsächlich mit Farben gearbeitet: Durch das Abricot soll Wärme in den Salon kommen. Das blaue Band soll die Raumfunktionen visuell trennen: Empfang und Salon. Es korrespondiert mit dem Namen des Geschäftes: «L'arco blu».

Um die Eingangstür besser sichtbar zu machen, wurde der Türrahmen blau gestrichen, also wiederum mit der Geschäftsfarbe.

Eines der wichtigsten Werkzeuge des Feng Shui-Beraters: der Lo Pan. Nebst der transparenten Kompasskapsel mit Nadel (Himmelsteich) weist er insgesamt 24 Ringe auf. Ausser den Kompass-Gradeinteilungen, Trigrammen beinhaltet er auch die 64 Hexagramme des I Ging. Aber auch die zwölf chinesischen Tierkreiszeichen (irdischen Äste), die fünf Elemente und ein Datumsring sind darauf zu finden.

Dieses Haus, das einen Pizza-Kurier beherbergt, wurde neu gestrichen. Dass das Haus einen farbigen Anstrich bekam, ist sehr löblich. Allerdings wurde ein allzu greller Gelbton gewählt, der kalt und abweisend wirkt. Für ein Restaurant wäre eher ein warmer Rot-Ton geeignet.

Hierbei handelt es sich um ein typisches Erd-Haus (dem Element Erde zugeordnet): Die gelbliche Farbe unterstreicht die kubische Form mit Flachdach zusätzlich. Schade ist, wie übrigens bei vielen andern Häusern auch, dass die Garage sehr dominant ist: Sie ist das Erste, was man bei der Zufahrt sieht.

Hier ein Hotel in Andalusien mit einem gut gewählten und abgestimmten Farbkonzept: Rot, Gelb und Blau.

Abgestimmtes Farbkonzept: Wände, Bild sowie Kissen.

In der maurischen Architektur spielt das Ornament eine wichtige Rolle. In der heutigen westlichen Architektur besteht diesbezüglich eher Zurückhaltung. Für den Architekten Adolf Loos war das Ornament gar überflüssig. Früher wurde es vor allem in Kirchen und Kathedralen (Gotik) angewendet. Auch für Leo Battista Alberti und Andrea Palladio waren sie wichtiger Bestandteil ihrer Architektur.

Gärten hatten früher in der Architektur eine viel grössere Bedeutung als heute. Vor allem im Barock war es eine angesehene Kunstform. Heute ist dies leider oft eine Budgetfrage (Bodenpreis, Gestaltung, Bewirtschaftung). Die Gartenkunst ist die Vorläuferin der heutigen Landschaftsarchitektur, bei der es um die Planung und Umgestaltung des unbebauten Raumes geht, also um sämtliche Aussenflächen. Derzeit wird aber vermehrt wieder auf die ästhetischen Qualitäten der Lebensumwelt geachtet. Die positive Wirkung eines Gartens kann kaum jemand bestreiten!

Ein Teich im Garten symbolisiert das Lebenselixier «Wasser» und energetisiert die Umgebung. Fische unterstützen dies zusätzlich. Ein Feng Shui-Garten sollte das Gleichgewicht von Yin und Yang aufweisen: Wasser, Steine, Pflanzen, Licht und Schatten. Kranke und abgestorbene Pflanzen sollten sofort entfernt werden, da sie zu viel Yin-Energie aufweisen.

Farne haben eine starke energetische Ausstrahlung und sind lebendige Zeugen aus frühesten Zeiten (400 Mio. Jahre). Es gibt rund 10 000 verschiedene Arten. Die Heilwirkung des Farns ist bekannt, insbesondere bei rheumatischen Erkrankungen und Vertreibung von Würmern. Früher wurde die Pflanze als heilig betrachtet und für allerlei magische Zwecke eingesetzt. Man pflanzte sie auch aus geomantischen Gründen an: Sie hatte die Aufgabe, das Haus vor negativen Energien zu schützen.

Architektur oder Skulptur? Das Vitra Design Museum in Weil am Rhein des Architekten Frank O. Gehry weist einen skulpturalen Baukörper auf. Der Dekonstruktivismus ist wohl ein Spiegel unserer Zeit und unserer inneren Unruhe.

Die Alamillo-Brücke des Architekten Santiago Calatrava ist eine Schrägseilbrücke über den Guadalquivir in Sevilla in Spanien. Die Gesamtlänge beträgt 250 Meter. Brücken sind sehr symbolträchtig: Sie symbolisieren eine Verbindung von der einen zur andern Seite. Im traditionellen Feng Shui werden Bogenbrücken aus Stein bevorzugt.

geografisch	• Gebiet: Nation, Region, Bezirk usw. • Bevölkerungsdichte: städtisch, ländlich usw. • Klima • Sprache
demografisch	• Haushaltgrösse, Haushalt-Einkommen, Kaufkraft • Alter, Geschlecht • Beruf, Stellung im Beruf, sozialer Status • Nationalität, Religionszugehörigkeit • Bildung
psychografisch	• Image-Ansprüche, Profilierungsansprüche • Öko-Ansprüche • Einstellungen, Motive • Freizeitgestaltung, Interessen, Lebensstil • Persönlichkeitsmerkmale • Grad des Involvements (Aktivierungsgrad)
Kaufverhalten	• Käufer, Nichtkäufer • Einstellungen und Nutzenerwartungen (z.B. Qualität, Exklusivität) • Kaufgrund, Kaufgewohnheiten, Ort des Einkaufs • Stadium der Kaufbereitschaft • Verwendungshäufigkeit/Kauffrequenz • Medianutzung • Preisverhalten, Markentreue

Grafik 34: Segmentierungskriterien für Konsumgüter

Lifestyle-Typologie

Immer häufiger gehen Makler dazu über, sich bei der Segmentierung an der Lifestyle-Typologie zu orientieren:

- *Yuppies* (*young urban professional*). Junge Erwachsene der städtischen oberen Mittelschicht; Ablösung der Hippies
- *Dinkies* (*double income no kids*). Kinderlose Paare und Doppelverdiener
- *Skippies* (*school kids with income and purchase power*). Schüler mit Einkommen und Kaufkraft

- *Woopies* (*well-off older people*). Finanziell abgesicherte und kaufkräftige Senioren, exklusive Markenartikel, konsumfreudig
- *Yessies* (*young eastern survivors*). Die neuen Yuppies aus den postkommunistischen Ländern
- *Muppies* (*middle-aged urban professionals*). Persönlichkeitsstarke, 35–65 Jahre alte Menschen mit überdurchschnittlichem Einkommen
- *Flyers* (*fun loving youth en route to succes*). Primär Studenten, haben Einfluss auf den Kaufentscheid in der Familie, probieren gerne neue Produkte aus
- *Gesundheitsbewusste*
- usw.

Das Sinus-Milieu

Eine neuere Segmentierungsart ist die des Sinus-Milieus, die wie bei der Lifestyle-Typologie die immer wichtigere psychografische Variable in den Vordergrund stellt. Die Hintergrundidee des Sinus-Milieus stammt ursprünglich vom französischen Soziologen Emile Durkheim. Das Modell ist aber vom Heidelberger Institut Sinus Sociovision entwickelt und auch geschützt worden. Man gruppiert Menschen, die sich in ihrer grundsätzlichen Lebensauffassung und Lebensweise ähneln (Wertorientierung und Alltagseinstellung). Da heute ein ständiger Wertewandel im Gange ist, verschieben sich die Grenzen der Milieus permanent, was eine kontinuierliche Forschung erforderlich macht. Die Sinus-Milieus werden in einer Matrix (Modell) dargestellt, die zwei Dimensionen enthält: links (vertikal) die soziale Schichtzugehörigkeit (Einkommen, Bildung, Beruf) und rechts (horizontal) die Grundorientierung (Lebensstil, -ziele, Alltagsbewusstsein). Die Grenzen sind fliessend. Um einen Eindruck zu bekommen, seien hier einige Kurzporträts solcher Milieus aus der Schweiz aufgeführt (insgesamt sind es deren zehn):

- *Arrivierte:* Die selbstbewusste, gesellschaftliche Elite: Pflege eines distinguierten Lebensstils auf höchstem Niveau; Verbindung von modernem Wirtschaftlichkeitsdenken mit genussbetonter Lebensführung. Manager, Wirtschaftsanwältin, Hochschulprofessor, 30–60 Jahre, 2- bis 4-Personenhaushalt, höchste Einkommen.
- *Moderne Performer:* Die jungen Erlebnis- und Leistungsorientierten: Streben nach Autonomie und Selbstverwirklichung; Verbindung von beruflichem

Erfolg und intensivem Leben; Early Adopters bei technologischen Entwicklungen. Consultant, Junior Investment, Banker, Start-up-Unternehmerin, 61 Prozent unter 30 Jahre alt, hoher Männeranteil, überwiegend ledig, mittleres bis gehobenes Einkommen, oft noch gar kein Einkommen.

- *Postmaterielle:* Die kritischen Intellektuellen: Ausgeprägtes Bewusstsein für soziale Gerechtigkeit und Nachhaltigkeit; tolerante und kosmopolitische Grundhaltung; vielfältige kulturelle Interessen. Fotografin, Architekt, Grafiker, Sozialpädagogen, Landschaftsplaner. 30–60 Jahre, höchster Frauenanteil (68 %), höheres und höchstes Einkommen, überwiegend verheiratet, aber auch hoher Anteil Geschiedener.
- *Bürgerliche Mitte:* Der Status-quo-orientierte Mainstream: Wunsch nach einem harmonischen Familienleben in gesicherten materiellen Verhältnissen; Integration in das soziale Umfeld. Versicherungsberater, Personalfachfrau, Inhaber eines Sanitärgeschäfts. 30–50 Jahre, 60 Prozent Frauen, 4 und mehr Personenhaushalte, mittlere bis gehobene Einkommen.
- *Traditionell-Bürgerliche:* Das traditionelle (Klein-)Bürgertum: Hohe Bedeutung christlicher Wert- und Moralvorstellungen; Wunsch nach Sicherheit, Ordnung und sozialer Anerkennung. Rentner, Schlosser, Landwirt, Hausfrau. Ältestes Milieu (über drei Viertel über 60 Jahre), 1- bis 2-Personenhaushalte (80 %), kleinere Einkommen.
- *Konsumorientierte Arbeiter:* Die materialistisch geprägte moderne Unterschicht: Gefühl sozialer Deklassierung; Orientierung an den Konsum-Standards der Mittelschicht. Detailhandelsangestellte, Industrielackierer, Automechaniker. 1- bis 2-Personenhaushalte, überwiegend männlich (58 %), kleine bis mittlere Einkommen.

Die Sinus-Milieus sind heute bereits in vielen Ländern vorhanden. Seit 2003 stehen auch den Schweizer Marketingverantwortlichen die Sinus-Milieus zur Verfügung. Für die Immobilienbranche scheint eine solche Segmentierung durchaus sinnvoll. Interessant ist, dass den einzelnen Milieus auch der Wohn- und Einrichtungsstil zugeordnet wird.

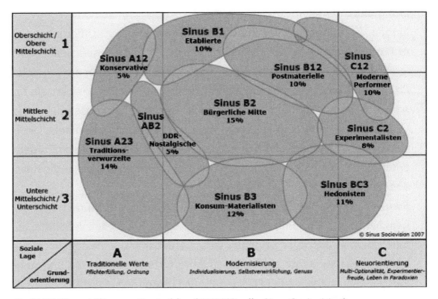

Grafik 35: Sinus-Milieu aus Deutschland 2007 (Quelle: Sinus Sociovision)

Segmentierungskriterien

Für Wohnimmobilien stehen folgende Segmentierungskriterien im Vordergrund:

- Einkommen (Die Wohnkosten dürfen einen Drittel des Gesamteinkommens nicht übersteigen)
- Haushaltgrösse (2- oder 4-Personenhaushalt?)
- Alter (z.B. zwischen 35–45 Jahren)
- Region (Woher sollen die Käufer stammen, wo soll geworben werden?)

Noch verfeinert kann man, je nach Standort und Objektart, folgende Punkte nehmen:

- Bildungsstand (Akademiker? Ist das Objekt in der Nähe von Hochschulen?)
- Freizeitgestaltung (sportlich? Sind Sportanlagen, Golfplatz, ein See oder Skigebiet in der Nähe?)
- kulturinteressiert (Sind Konzerthäuser, Museen in der Nähe?)
- urban (städtische Gegend?)
- progressiv (moderne Architektur?)

- ökologiebewusst (Minergie-Standard? Alternatives Heizsystem?)
- engagiert
- usw.

Segmentierung für Unternehmen

Die Segmentierung für Firmen als potenzielle Käufer wird anders vorgenommen als diejenige für Privatpersonen.

Unter die demografischen Kriterien fällt die Branchenzugehörigkeit, die hier eine wichtige Rolle spielt. Aber auch Kriterien wie Merkmale der Unternehmensgrösse (Umsatz, Anzahl Mitarbeiter, Bilanzsumme usw.) zählen dazu. Der Unternehmensstandort wird ebenfalls herangezogen. Dann sind die Beschaffungskonzepte des Kunden von grosser Bedeutung. Darunter fallen die allgemeine Beschaffungspolitik, die Organisation der Beschaffungsfunktion beim Kunden, die Machtstruktur, Kaufkriterien, bestehende Beziehungen usw. Eine weitere Unterteilungsmöglichkeit sind die personenbezogenen Kriterien wie Lieferantentreue oder Risikobereitschaft. Darüber hinaus gibt es die situationsbedingten Faktoren: Auftragsumfang, Dringlichkeit usw. Nicht alle Kriterien funktionieren bei allen Branchen gleich gut.

Wenn der Makler sich darüber Gedanken macht, wer für ihn als Auftraggeber in Frage kommen könnte, dann ist die erste grosse Unterteilung sicherlich diejenige in Privatpersonen und Firmen. Bei den Firmen stehen die Branche (Banken, Versicherungen, Promotoren, Architekten, Generalunternehmer usw.) und der Standort im Vordergrund. Dann folgen die Unternehmensmerkmale (Grösse, Image usw.).

Feng Shui und die Segmentierung

Im Feng Shui kennen wir die Segmentierung als solche nicht. Grundsätzlich hat das Feng Shui dazu auch nichts beizutragen. Aber es gibt eine zusätzliche Technik, die wir uns zunutze machen können. Der Feng Shui-Makler bedient sich zur Festlegung seines Zielmarktes noch anderer Mittel als der kognitiven. Es ist sozusagen der Blick in die Zukunft. Es geht dabei um eine Kreativitätstechnik, die sich immer wieder bewährt hat.

Bei dieser Methode begeben wir uns in einen entspannten Zustand, vorzugsweise mit geschlossenen Augen, und stellen uns einmal vor, dass wir das

Objekt bereits verkauft haben. Wir würden die neuen Eigentümer nach ihrem Einzug besuchen. Wir stehen vor der Tür und betätigen die Klingel. Wer öffnet die Tür? Ist es der Hausherr oder die Hausherrin? Wie alt ist die Person? Wie sieht sie aus? Wir betreten nun das Haus. Springen uns Kinder entgegen? Wir freuen uns, dass die neuen Eigentümer so glücklich in diesem Haus sind. Wir werden zum Essen eingeladen und haben genügend Zeit, um über Gott und die Welt mit den Gastgebern zu plaudern. Die neuen Hausbesitzer sind uns dankbar, dass wir sie so gut beraten und ihnen geholfen haben, ihren Traum zu erfüllen. Im unterhaltsamen Gespräch erfahren wir, welche Berufe die Eigentümer haben. Wir haben jetzt aber auch die Möglichkeit, Fragen zu stellen, zum Beispiel, woher sie kommen. Was ihnen denn besonders an diesem Haus gefallen hat. Dabei sind die Möglichkeiten beinahe grenzenlos. Wenn wir wieder zurück ins Hier und Jetzt kommen, notieren wir uns sofort alles. Jetzt haben wir genügend Material, um eine effektive Segmentierung vorzunehmen.

Die Frage ist einfach: Wer wird glücklich in dem Verkaufsobjekt? Der langjährige Profi hat vielfach schon nach fünf Minuten der ersten Besichtigung eine Idee, wer sich in dem Objekt wohlfühlen würde.

Positionierung

Nachdem wir die Segmentierung vorgenommen haben und den idealen Käufer kennen, können wir uns der Positionierung zuwenden. Ursprünglich stammt das Positionierungsmodell von Prof. Dr. Bernt Spiegel (Marktforscher) und Kurt Lewin (Sozialpsychologe). Die Grundidee der Positionierung geht aber auf das Alleinstellungsmerkmal, d.h. den veritablen Kundenvorteil (engl. unique selling proposition, USP) zurück, der ursprünglich aus der Werbung stammt. Der Ausdruck USP wurde 1940 von Rosser Reeves eingeführt. Auf das USP werden wir unter dem Kapitel Kommunikation näher eingehen. Daraus entwickelten sich die Positionierungsmodelle.

Die Positionierung ist eng mit der Segmentierung verknüpft. Sie dient der konkreten Lokalisierung der strategisch nutzbaren Marktsegmente. Die Produktpositionierung beschreibt die Position der verschiedenen, miteinander im Wettbewerb stehenden Produkte. Auch hier wird wieder klar, dass der Makler die Positionierung nur vornehmen kann, wenn er die SWOT-Analyse erstellt hat,

denn dazu benötigt er die herausgeschälten Stärken und Qualitäten des Objektes in der Einschätzung seiner gewählten Zielgruppe sowie die bestehenden Konkurrenzangebote. Im Eigenschaftsraum werden die von der Zielgruppe wahrgenommenen, erlebten und relevanten Eigenschaften zweidimensional dargestellt. Die zentralen Fragen dabei lauten:
1) Auf welche kaufbestimmenden Produkteigenschaften reagieren die Käufer unterschiedlich? Was leistet das Produkt und für wen?
2) Wie sind die Konkurrenzprodukte im Produktfeld platziert?
3) Welche Platzierung im Produktfeld eignet sich für das vorliegende Produkt bzw. die vorliegende Liegenschaft?

Ein Makler muss sich also von den anderen Angeboten klar unterscheiden. Weiter muss er sein Angebot so positionieren, dass es seine Zielkunden interessant und einmalig finden. Er sollte sich aber auf wenige, aber eindeutige und wichtige Faktoren seiner Liegenschaft konzentrieren (z.B. hervorragende Seesicht, Ruhe). Diese Eigenschaften müssen den Wünschen der Zielkunden entsprechen. Als gute Positionierungsbeispiele aus anderen Branchen gelten:
- Media-Markt: tiefste Preise
- Mercedes: höchste Qualität
- Audi: Fortschritt durch Technik
- BMW: Freude am Fahren
- Ferrari: Exklusivität
- Volvo: Sicherheit
- diverse Banken: Nähe zum Kunden

Ein Produkt sollte eine Position im Kopf des Kunden einnehmen! Wenn wir zum Beispiel an Volvo denken, fällt uns gleich der Begriff «Sicherheit» ein. Das Ziel einer Positionierung besteht also in:
- Bekanntheit beim und Wahrnehmung durch der Konsumenten
- Schaffung eines unverkennbaren Images
- Argumentationsbasis für sämtliche Marketinginstrumente
- Differenzierung
- Suggestion von psychologischem Zusatznutzen

Was für Kriterien können nun bei Immobilien für die Positionierung herangezogen werden? Standortqualitäten (ruhig, Fernsicht, im Grünen, Seesicht), Grösse, Ausbaustandard, Architekturdesign, Grundstücksgrösse usw. Der Makler muss herausfinden, was das Einmalige der Liegenschaft ist. Manchmal wird kritisiert, warum oft der Preis zur Positionierung herangezogen wird. Dies kommt daher, weil bei vielen Kaufinteressenten das Budget nach wie vor ein Kriterium ist. Hier ein Beispiel einer Positionierung:

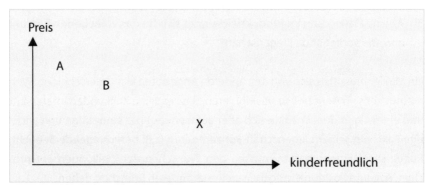

Grafik 36: Positionierung einer Immobilie

Der Anbieter A hat eine relativ teure Liegenschaft, wobei sein Angebot in keiner Weise kinderfreundlich ist. Der Konkurrent B ist schon etwas besser bezüglich Preis und Kinderfreundlichkeit. Das Angebot X steht in Bezug auf Preis und Kinderfreundlichkeit am besten da.

Positionierung und Feng Shui
Feng Shui hat nicht zu allen Marketingthemen eine Empfehlung. So auch nicht zur Positionierung. Sicherlich hilft aber die Objektanalyse unter Feng Shui-Aspekten, das USP besser herauszuschaffen, d.h. die Objektqualitäten zu erfassen. Auch der geschärfte Blick des Feng Shui-Experten kann somit die Konkurrenz besser beurteilen. Und zu guter Letzt: Ein Haus, das unter Feng Shui-Aspekten erstellt wurde, hat bereits ein hervorragendes USP und kann so bestens positioniert werden.

Marketing-Mix

«Etwas Raffiniertes ist immer das Ergebnis einer besonderen Mischung.»
Prof. Dr. Kasimir M. Magyar, Marketingspezialist, *1935

Nachdem wir die Ziele definiert, die Segmentierung und Positionierung vorgenommen haben, können wir die Marketinginstrumente einsetzen. Die Instrumente liegen auf der operativen Ebene, auf der direkt auf den Markt eingewirkt wird. Im Jahre 1964 entwickelte Jeromy Mc Carthy die klassischen vier Instrumente mit der Formulierung der

4 «P» (**P**rice, **P**roduct, **P**lace, **P**romotion)

als Grundkonzept des Marketing-Mix und als managementorientiertes Programm für marktgerichtete Aktivitäten.

Der Marketing-Mix umfasst:

Product Produkt	Price Preis	Promotion Kommunikation	Place Distribution
Produktgestaltung	**Preisbildung**	**Werbung**	Distributions-
Produktqualität	Preisdifferen-	Verkaufsförderung	kanäle
Produktlebenszyklus	zierung	**Verkauf**	Handelspartner
Produktinnovation	Einführungspreise	**Public Relations**	Lagerwesen
Zusatzleistungen	Handelsspannen	Direct-Marketing	Verkaufsgebiete
Garantien	Rabatte		Verkaufspunkte
Marken und **Namen**			Logistik
Verpackung			Kooperationen
Kundendienst			

Tabelle 37: Die einzelnen Marketinginstrumente

Wir werden in diesem Kapitel im Einzelnen die Instrumente kennenlernen, beginnend mit dem Produkt. Auf das Instrument Place werden wir allerdings nicht eingehen, da es für die Branche nicht relevant ist. Unter «Place» ist der Standort des eigenen Büros zu verstehen sowie das Filialnetz. Auch allfällige Kooperationen und der Anschluss an ein Maklernetzwerk werden dazugezählt. Betrachten wir zuerst den Marketing-Mix als solchen.

Im Marketing-Mix sind die einzelnen Marketinginstrumente aufeinander abgestimmt. Die einzelnen Komponenten müssen miteinander harmonieren. So wie sich Schokoladencreme nicht so gut mit Äpfeln kombinieren lässt wie zum Beispiel mit Birnen, lassen sich auch nicht alle Ausgestaltungen der Instrumente miteinander kombinieren. Beim Mix muss ein roter Faden durch alle Instrumente bestehen. Dazu ein Beispiel: Eine teure Villa von 3 bis 4 Millionen Euro verlangt ein entsprechendes Zielpublikum. Dieses Zielpublikum verlangt eine entsprechende Kommunikation. Der Makler kann also nicht mit einem selbstgebastelten, fotokopierten, mageren Prospekt operieren. Auch sollte die Sprache mit dem Zielpublikum korrespondieren. Ausserdem muss der Makler den Umgang mit dieser sozialen Schicht gewohnt sein. Der gesamte Auftritt sollte dem Produkt und der Zielgruppe entsprechen. Dies kann nicht genug betont werden.

Was sagt das Feng Shui zum Thema Marketing-Mix? Wie bereits mehrmals darauf hingewiesen, ist ein wesentliches Instrument des Feng Shui-Beraters seine Intuition. Sie ist ein integrierender Bestandteil seiner Arbeit. Da die Intuition bzw. die Sensibilität so zentral ist, wird sie im Feng Shui zu einem eigenständigen Marketing-Instrument erhoben.

Grafik 38: Der Marketing-Mix aus Feng Shui-Sicht. Die fünf «P» entsprechen den fünf Elementen.

Bereits 1993 hat Rients R. Ritskes in seinem Buch «Zen für Manager» auf die Intuition oder Empfindsamkeit (Passibility) hingewiesen. Er sprach vom 6. «P», vielleicht in Anlehnung an den Sechsten Sinn. Da wir bereits im Kapitel «Zielsetzungen» ausführlich die Intuition erläutert haben und immer wieder darauf zurückkommen werden, führen wir hier das Thema nicht mehr aus. Abschliessend ein Zitat von Dschuang Dsi zum Thema Intuition: «Wenn man in seiner Erkenntnis alles Für und Wider vergisst, dann hat man das richtige Herz; wenn man in seinem Innern nicht mehr schwankt und sich nicht nach andern richtet, dann hat man die Fähigkeit, richtig mit den Dingen umzugehen. Wenn man erst einmal so weit ist, dass man das Richtige trifft und niemals das Richtige verfehlt, dann hat man das richtige Vergessen dessen, was richtig ist» (Buch XIX, Vers 12).

Das Produkt

«Ein Produkt ist etwas, was als tauglich zur Befriedigung eines Bedürfnisses bzw. Erfüllung eines Wunsches angesehen wird.»

Philip Kotler, amerikanischer Marketingprofessor, *1931

Im Marketing verstehen wir unter dem Begriff «Produkt» die Marktleistung, die eigentlich alles sein kann:

1) Konsumgüter
- Verbrauchsgüter: Nahrungs- u. Genussmittel, Wasch-, Pflegemittel usw.
- Gebrauchsgüter: dauerhafte Konsumgüter: z. B. Möbel, Heimtextilien, Geräte der Unterhaltungselektronik, Bücher, Sportgeräte usw.

2) Produktionsgüter
- Investitionsgüter: Anlagen, *Immobilien*, Maschinen, Transportmittel usw.
- Halbfabrikate
- Material: Metalle, Chemikalien, Steine usw.
- Fabrikationshilfsstoffe: Farben usw.

3) Dienstleistungen
- Handel: Import, Export, Grosshandel, Einzelhandel usw.
- Bankwesen
- Versicherung
- Transport-, Verkehrswesen und Logistik
- Produzierende Dienstleistungen: Bauen, Malen, Gärtner usw.
- Reparatur- und Unterhaltswesen
- Schulung
- Unterhaltung: Theater, Kino, Show, Varieté, Sport usw.
- Pflegedienstleistungen von Menschen, Tieren, Räumen, Gärten
- Beraterdienstleistungen: Werbeberatung, Managementberatung, Rechtsberatung, Lebensberatung, *Immobilienberatung*, Anlageberatung, Architektur- und Ingenieurleistungen usw.
- Vermittlungsleistungen: *Immobilien*, Personal, Ehevermittlung usw.
- Software-Erstellung

Selbst bewohnte Immobilien (Einfamilienhaus, Eigentumswohnung etc.) werden als Konsumgüter betrachtet. Deshalb ist es ökonomisch unsinnig, daraus einen Ertragswert zu ermitteln.

Philip Kotler spricht zu Recht davon, dass das Produkt der Kern des Marketings ist. Viele verfallen immer wieder dem Irrglauben, dass ein schlechtes Produkt mit einer guten Werbestrategie problemlos vermarktet werden kann. Dem ist leider nicht so.

Das Instrument Produkt umfasst folgende Bereiche: Produktequalität (Funktion, Ästhetik, Styling), Produktlebenszyklus, Innovation, Sortiment, Zusatzleistungen, Garantien, Marken und Namen, Verpackung sowie der Kundendienst vor und nach dem Verkauf.

Ein Produkt muss primär eine Funktion erfüllen. Hier spricht man vom sogenannten *Grundnutzen* (Kernprodukt). Ein Messer muss schneiden, ein Rasierapparat den Bart abschneiden, ein Haus muss vier Wände und ein Dach haben. Ein Auto muss fahren (Überwindung von Distanz). Darüber hinaus gibt es die Neben- und Zusatznutzen, die zur Differenzierung der einzelnen Produkte führen. Zum *Nebennutzen* zählen das Aussehen (Styling, Design), die speziellen Eigenschaften und Qualitäten, die Verpackung und der Name (zum Beispiel «Chanel

Nr. 5») des Produktes. Gerade in Bezug auf die Nebennutzen unterscheiden sich die Produkte sehr. In der Autoindustrie zum Beispiel gibt es eine grosse Vielfalt und Differenzierung, sei es bezüglich PS-Stärke, Interieur (Holz, Leder), Platzangebot, Fahrkomfort etc. Zum sogenannten *Zusatznutzen* zählen Dienst- und Serviceleistungen, also die Zusatzleistungen zum Produkt. Sie machen das Produkt noch attraktiver: Hauslieferdienst, Installation zu Hause, Rücknahmegarantie, Beratung.

Das Produkt «Immobilie»

Was heisst wohnen konkret? Welche Wohnbedürfnisse hat der Mensch? Was für eine Funktion muss ein Haus erfüllen? Das sind die Kernfragen, die sich jeder Architekt und Promoter stellen sollte, doch die wenigstens tun es. Viele eigene Befragungen über Wohnbedürfnisse an Kursen und Seminaren haben Folgendes ergeben:
- Geborgenheit (Entspannen, «Cocooning»)
- Schutz vor Nässe, Kälte, Wind, Hitze, Lärm, Schadstoff und Fauna
- Sicherheit vor Einblicken, Einbrechern und andern Eingriffen
- Rückzugsmöglichkeiten, eigenes Territorium (Revier)
- Privatsphäre (Individualraum), Alleinsein
- eigene Symbolwelt (Selbstinszenierung)
- Ortsidentität, Beständigkeit, Vertrautheit
- Repräsentation, Schönheit (ästhetische Bedürfnisse)

Wie bereits erwähnt, hat ein Produkt nicht nur einen Grundnutzen, sondern auch einen Neben- und Zusatznutzen. Dies gilt auch für die Immobilie. Sie umfasst verschiedene Dimensionen (siehe Grafik Seite 110).

Die einzelnen Dimensionen lassen sich wie folgt differenzieren:
I. **Kernprodukt** (Grundnutzen)
- Kernfunktion: Vier Wände, Dach, Räume, Wasser, Heizung, Strom usw.

II. **Formales Produkt** (Nebennutzen)
- Qualität: Standortqualität, Raumfunktion, Ausbaustandard
- Architekturdesign: Ästhetik, Optik, Identifikationsmöglichkeiten
- Name: Qualität des Namens, Marke, aber auch Image

Grafik 39: Das Produkt «Immobilie» in seinen Dimensionen aus klassischer Sicht

III. **Erweitertes Produkt** (Zusatznutzen)
- Garantie: Hier spielt vor allem die Garantie bei Neubauten eine grosse Rolle. Bei «Occasions-Häusern» wird sie – zumindest in der Schweiz – immer wegbedungen.
- After Sales: Dienstleistungen und Betreuung, insbesondere nach dem Verkaufsabschluss

Das Produkt aus Feng Shui-Sicht
Feng Shui befasst sich mit dem Kernprodukt (Grundnutzen) und dem formalen Produkt (Nebennutzen). Das erweiterte Produkt (Zusatznutzen) ist bestimmt wichtig, aber Feng Shui hat dazu keine spezielle Meinung. Lange Zeit ging man davon aus, dass Architektur eine rein visuelle Kunst sei. Dem ist aber nicht so. Den Raum, d.h. die Atmosphäre muss man erspüren! Architektur ist also auch eine kinästhetische Kunst, die sogar Körperempfindungen hervorrufen kann. Die Atmosphäre hat mit dem Chi-Gehalt im Raum zu tun. Dadurch wird auch klarer, was für eine Bewandtnis es mit dem fünften «P» im Marketing-Mix hat.

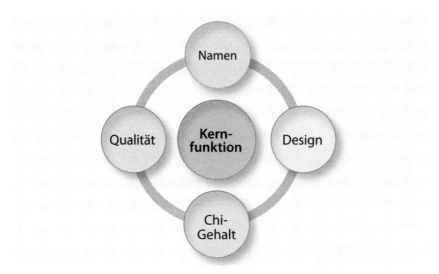

Grafik 40: Das Produkt «Immobilie» in seinen Dimensionen aus Feng Shui-Sicht

Im Feng Shui besitzt das Atmosphärische, das *Raumgefühl* einen grossen Stellenwert, was eben mit dem Chi-Gehalt zu tun hat. Hier liegt der grosse Unterschied zur traditionellen, visuellen Architektur. Wir leben vor allem im Innern des Hauses und schauen nicht permanent die Fassade an, die sicherlich wichtig ist und zur Identifikation beiträgt. Wir müssen uns in Räumen wohlfühlen können, sei es zu Hause, im Büro, Restaurant, Hotel oder wo auch immer. Der Grundnutzen von Restaurants ist sicherlich Essen und Trinken, der Nebennutzen liegt aber in der Atmosphäre des Lokals sowie in den sozialen Kontakten.

Produktgestaltung aus Feng Shui-Sicht

Wie ein Gebäude letztlich aussieht und gestaltet ist, ist im Marketing von grundlegender Bedeutung. Hier geht es um die effektive Produktgestaltung. Dabei müssen die Bedürfnisse und Wünsche der Kunden einfliessen. Die Zeiten sind definitiv vorbei, in denen nur Ingenieure, Architekten und Techniker Produkte entwickelt haben. Heute entwickeln Projektteams ein Produkt, so auch in der Immobilienbranche. Dabei muss das Marketing zwingend vertreten sein. Neuerdings wird auch im Westen Feng Shui einbezogen, wie es zum Beispiel eine Schweizer Grossbank praktiziert. Die Bank erstellt nur noch Gebäude, die Feng Shui-mässig optimiert wurden. Im Osten ist dies schon lange zwingend.

Bei der Produktgestaltung müssen wir klar unterscheiden zwischen Projektentwicklung und Bestandesimmobilien. Die Feng Shui-Rendite ist bestimmt am grössten bei der Projektentwicklung, da hier am meisten Einfluss genommen werden kann.

Was Feng Shui während der einzelnen Projektphasen leisten kann, ist nachstehend aufgeführt:

I. **Akquisitionsphase**
- Standortanalyse unter Feng Shui-Gesichtspunkten
- Grundstücksanalyse (Geometrie, Geopathie/Radiästhesie, Topografie, Ausrichtung nach Himmelsrichtungen)

II. **Vorprojektphase**
- Klären der Bauabsicht, der finanziellen und terminlichen Vorstellungen des Auftragsgebers
- Gliederung, Ausrichtung und Anordnung der Baukörper
- Festlegung der Eingangstüren (günstige Richtungen)
- Marketing: Namensgebung der Überbauung (Feng Shui-Aspekte)

III. **Projektphase**
- Gestaltung bzw. Überprüfen der Grundrisse (detaillierte Analyse des Layouts, das heisst der Raumbezüge und -programme sowie der Energieflüsse)
- Gestaltung bzw. Überprüfen der Fassadengestaltung (Form)
- Marketing: Logo-Gestaltung und Corporate-Design (Corporate-Identity)

IV. **Ausführungsphase**
- Unterstützung bei der Material- und Farbenwahl
- Hinweise zur Umgebungsgestaltung (Wege, Gewässer, Bepflanzung)

V. **Abschlussphase**
- Individuelle Beratung der Endnutzer (Möblierungs- und Einrichtungsvorschläge; Schlafrichtung, Installierung des Arbeitsplatzes usw.)

Die Standort- und Grundstückanalyse haben wir bereits besprochen (Kapitel Analysen). Nachstehend wollen wir einige wichtige Elemente der Gestaltung untersuchen.

Eingangspartien
Die Gestaltung der Eingangstür ist sehr zentral. Hier entscheidet sich, ob und wie viel Energie ins Haus fliesst. Dies ist nicht nur bei Einzelhandelsgeschäften oder Restaurants entscheidend, sondern auch bei Wohnhäusern. Die Tür sollte eine im Verhältnis zur Gesamtfassade geeignete Grösse aufweisen und in ihr gut erkennbar sein. Bei einem Geschäft wollen wir ja, dass die Kunden kommen! Der Eingang sollte möglichst freundlich und einladend gestaltet sein. Oft wird die Frage diskutiert, aus welchem Material die Tür sein sollte: Glas, Holz oder Metall? Im Wohnungsbereich (Einfamilienhaus, Wohnungsabschlusstür) gilt die Regel: Je weniger Glas, desto besser. Architekten nutzen Glas aber dazu, um Naturlicht ins Entree zu bringen. Grundsätzlich gilt: Massive Türen sind besser als Glastüren. Holz ist besser als Metall. Im Geschäftsbereich verhält es sich etwas anders: Glas bringt Transparenz. Man sieht, was drinnen passiert und was angeboten wird. Drehtüren sind positiv zu werten.

Was ist der Unterschied zwischen der Wohnungs- und der Hauseingangstür? Die Wohnungstür wird als «Schlüssel zum Selbst» bezeichnet. Sie bestimmt das individuelle Leben und ist für den einzelnen Bewohner deshalb wichtig. Die Haupteingangstür kann als «Eingang zum Himmel» bezeichnet werden. Sie bestimmt das Zusammenleben der ganzen Hausgemeinschaft bzw. das Gruppenschicksal.

Ideal ist auch ein Vordach, das einen gewissen Schutz bietet. Der Eingang sollte gut beleuchtet sein, wenn möglich mit zwei Leuchten, links und rechts der Tür.

Aufgrund der in der nachfolgenden Tabelle ausgeführten Qualitäten könnte man meinen, die Eingangstür eines Geschäftes müsste nach Südosten zeigen (Reichtum). So einfach ist es allerdings nicht. Je nachdem, in welche Himmelsrichtung die Tür zeigt, fliesst eine andere Energiequalität ins Haus. Für die endgültige Bestimmung der Platzierung der Eingangsrichtung sollten die persönlichen Himmelsrichtungen der Bewohner bzw. des Geschäftsinhabers mitberücksichtigt werden, die aufgrund des Geburtsdatums ermittelt werden (Ming-

Die Tür schaut nach	Qualität/Thema	Wird unterstützt durch die Farben
Osten	Dynamik, Start, Anfang, Schnelligkeit, Aufrichtung, Träume verwirklichen Ideal für Start-up-Firmen, New Business Zahl 3, Symbol Donner	Grün- sowie Blautöne
Südosten	Wachstum, Entwicklung, Reichtum, Kommunikation, Urvertrauen, aktiv Ideal für Expansion oder den Schritt in die Selbstständigkeit Zahl 4, Symbol Wind	Grün- sowie Blautöne
Süden	Wärme, Energie, Höhepunkt, Erfolg, aktives gesellschaftliches Leben Ideal für Firmen mit gutem Image Zahl 9, Symbol Feuer	Rot- sowie Grüntöne
Südwesten	Materie, Weiblichkeit (Yin), Empfänglichkeit, Konsolidierung, gut für Teamwork und Kundenbeziehungen; Häuslichkeit, soziales Engagement Ideal für eingeführte Firmen, die den Marktanteil sichern wollen Zahl 2, Symbol Erde	Gelb- sowie Rottöne
Westen	Freude, Austausch, Resultat, geniessen, Spass, Ernte, finanziell gut dastehen, jedoch eher stagnierend Für Firmen, die expandieren oder an die Börse gehen wollen (Initial Public Offering) Zahl 7, Symbol See	Weiss, Grau sowie Gelbtöne
Nordwesten	Struktur, Zielsetzung, Ordnung, Männlichkeit (Yang), Führung, Planung, vertrauensvoll Marktführer, etablierte Blue-Chip-Firmen Zahl 6, Symbol Himmel	Weiss, Grau sowie Gelbtöne
Norden	Tiefe, Unbewusstes, Rückzug: kreative Arbeit, Meditation, Retrait, Spiritualität Ideal für psychologische Beratungen, Psychotherapie, Heiler usw.: für Firmen eher schwieriger, je nach Branche Zahl 1, Symbol Wasser	Blautöne oder Weiss, Grau
Nordosten	Stabilität, Festigkeit, Stille, Klarheit; «Geistertür». Für Firmen nicht ideal, allenfalls für Geldspekulationen, unstete Entwicklung Zahl 8, Symbol: Berg	

Tabelle 41: Himmelsrichtungen und ihre Qualitäten

Kwa-Zahl). Wenn der Geschäftsführer zum Beispiel 1970 geboren wäre, ergäbe dies die Zahl 3, was dem Element Holz entspricht. Positive Himmelsrichtungen für den Eingang wären somit: Osten, Südosten, Norden und Süden.

Die Himmelsrichtungen können durch entsprechende Farben zusätzlich unterstützt werden. In der westlichen Architektur werden Eingänge in der Nord- oder Ostrichtung bevorzugt. Im Feng Shui sind die Himmelsrichtungen mit ihren unterschiedlichen Qualitäten ganz zentral.

Oft werden neben den Eingang zwei symbolische Wächter gestellt, in Form von Pflanzen oder Tierskulpturen. Zum Beispiel stehen vor vielen Amtshäusern in der Stadt Zürich zwei Löwen, die diese Funktion übernehmen. Vermehrt sieht man auch vor Einzelhandelsgeschäften oder Restaurants Pflanzenkübel. Übrigens: Bei den Kirchen übernehmen die Westtor-Türme diese Schutzfunktion. Sie sind jeweils den Erzengeln Michael und Gabriel gewidmet.

Wie sieht es aber mit dem Zugang und der Auffindbarkeit des Eingangs aus? Muss man um sieben Ecken gehen, bis man endlich die Tür findet? Für ein Geschäft wäre dies das sichere Ende! Nicht zu unterschätzen ist der Platz vor dem Eingang. Er stellt den Energiesammelplatz dar (Ming Tang). Leider wird der Platzgestaltung in der heutigen Architektur weniger Bedeutung beigemessen. Aus asiatischer Sicht ist dies ein wichtiger Aspekt, gerade bei Firmen. Internationale Konzerne haben dies gemerkt: Hier findet man oft grosse, geschwungene Vorfahrten, gedeckte Eingangspartien und davor einen grossen Garten oder Platz.

Treppen oder nicht Treppen? Im Einzelhandel ist es klar: Ein Eingang, der nur über Stufen erreicht werden kann, schwächt den Umsatz, und zwar um zehn Prozent pro Stufe. Stufen stellen Hemmschwellen dar. Eine Treppe, die hinunterführt, ist für den Einzelhandel immer noch besser als eine, die hinaufführt. Aus Feng Shui-Sicht führt eine Treppe, die nach unten geht, immer in die Vergangenheit und sollte deshalb vermieden werden. Wendeltreppen sind ganz zu vermeiden (Korkenzieher-Effekt). Wenn eine Eingangstreppe nach oben führt, so sollte sie so gestaltet sein, dass sie die Energie hochzieht: breit, sicher, wenn möglich geschwungen und mit optischen Effekten (Farben etc.). Die gestaltete Treppe muss eine hochsteigende Person magnetisch hinaufziehen. Selbstverständlich kann man eine Treppe auch aus spiritueller Sicht betrachten: der Aufstieg in eine andere Ebene analog der Himmelsleiter.

Abbildung 42: Privateingang mit Glasvordach

Chinesen mögen keine Treppen, die direkt auf den Eingang zuführen, wie es bei obigem Privateingang der Fall ist. Schön sind hier dagegen die beiden Pflanzentöpfe. Das Metallgeländer wirkt etwas kalt. Das Vordach bietet keinen wirklichen Schutz, weder psychologisch (Glas) noch effektiv (zu klein). Eine gewölbte Form des Daches wäre idealer. Die Tür hat Glaseinlagen, allerdings mit trübem Glas. Sie könnte noch der Himmelsrichtung entsprechend gestrichen werden. Mit kleinen Pflanzentöpfen auf jeder Treppenstufe würde die Energie besser hochgezogen.

Grundrissgestaltung
Über die Grundrissgestaltung lässt sich vieles sagen. Wir können hier nur auf einige wichtige Aspekte eingehen. Im Feng Shui werden die Funktionen der

Räume getrennt: Eine Küche ist eine Küche, ein Schlafzimmer ein Schlafzimmer und nicht auch Büro und Fernsehzimmer. Das würde übrigens klar gegen Lofts sprechen. Insbesondere bei den folgenden zwei Bereichen müssen die Funktionen klar getrennt und entflechtet werden:
- halböffentlicher Raum: Wohnzimmer, Esszimmer, Gäste/WC und Küche
- privater Raum: Schlafzimmer, Bad/WC

In einem Einfamilienhaus ist dies meistens gut gelöst: Im Erdgeschoss befindet sich der halböffentliche Bereich, im Obergeschoss der private. Im Wohnungsbereich dagegen wird oft gesündigt. Es gibt dazu folgende Regeln:
- Die Schlafzimmer sollten möglichst weit weg vom Eingang sein.
- Das Wohnzimmer sollte möglichst nahe beim Eingang sein.

Ein ebenso bedeutender Merksatz lautet: Kein Raum ohne Naturlicht. Fehlt das Naturlicht, so sinkt der Chi-Gehalt drastisch. Erinnern wir uns an die Wohnbedürfnisse (Geborgenheit, Sicherheit, Schutz usw.) und betrachten wir unter diesem Blickwinkel nachstehende Wohnung:

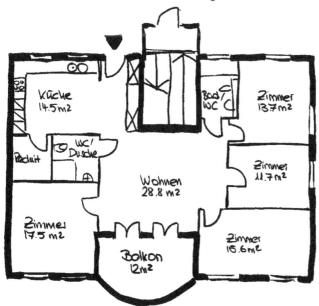

Abbildung 43: Ungünstiger Grundrissplan

Das Schutzkonzept ist in der chinesischen Lehre ein zentrales Anliegen. Der Schutz und somit auch die Macht über den Raum werden dadurch erreicht, dass wir einen geschützten Rücken haben und der Blick auf die Tür und auch auf die Fenster frei ist. Wenn wir das Wohnzimmer auf Seite 117 betrachten, stellen wir fest, dass wir nirgends diesen Schutz erhalten. Wo können wir ein Sofa an eine Wand stellen? Nirgends! Das Wohnzimmer ist aus dieser Perspektive unbrauchbar. Bedenkt man, dass dieser Raum vermutlich rund 130 000 Euro kostet (28,8 m^2 x 4500 €) und praktisch unbrauchbar ist, so ist dies tragisch. Ebenfalls ist die Fläche mit 28,8 m^2 zu klein, zumal der Raum auch noch als Esszimmer dienen soll. Weiter: Betritt man die Wohnung, so steht man bereits in der Küche. Es fehlt das Entree. Unglücklich ist auch der Umstand, dass die Toilette/Dusche zum Wohnzimmer hin ausgerichtet ist sowie an die Küche grenzt. Bei fast allen Schlafzimmern liegt gegenüber der Zimmertür ein Fenster, durch das das Chi entflieht. Dies gibt es oft und kann auch «geheilt» werden. Doch wenn die Grundstruktur einer Wohnung nicht stimmt, kann auch das Feng Shui nicht viel ausrichten. Das Einzige, was hier noch helfen könnte, wäre, dass das Zimmer mit den 17,5 m^2 geöffnet und dem Wohnraum zugeschlagen würde. Dann wäre es aber nur noch eine 3½-Zimmerwohnung. Es ist bedenklich, dass die Wohnungen, die auf dem Markt sind, mehrheitlich strukturelle Mängel aufweisen.

Himmelsrichtung	Raumfunktionen
Osten	Küche, Fitnessraum, Esszimmer
Südosten	Küche, Büro, Kinderzimmer
Süden	Küche, Wohnzimmer, Sitzungszimmer, Esszimmer
Südwesten	Wohnzimmer, Zimmer für die Frau, Esszimmer, Empfang
Westen	Wohnzimmer, Spielzimmer, Sitzungszimmer, Musikzimmer, Künstler-Atelier
Nordwesten	Bibliothek, Zimmer für den Mann, Chefbüro, Management
Norden	Nasszellen, Schlafzimmer, Meditationsraum, Musikzimmer, Künstler-Atelier
Nordosten	Meditationsraum, Bibliothek

Tabelle 44: Räume und ihre optimale Himmelsrichtung

Weiter gilt es auch zu beachten, wie die Raumfolge und Raumrichtung ist, wie sich das Chi innerhalb der Wohnung verbreiten kann. Dazu stelle man sich vor, wie sich Rauch bei offener Eingangstür in der Wohnung verteilen würde.

Bei der Planung empfiehlt sich, gewisse Raumfunktionen den entsprechenden Himmelsrichtungen zuzuweisen. Es ist ungünstig, dass zum Beispiel ein Bad im Süden liegt. Hier eine Orientierungshilfe:

In einem Raum ist ebenfalls darauf zu achten, dass es keine hervorstehenden Ecken – vielleicht sogar zur Mitte hin – gibt. Solche Auffälligkeiten sind zu vermeiden oder abzuschwächen, zum Beispiel mit gerundeter oder gebrochener Kante.

Fassadengestaltung: Architektur ist Kommunikation
Dass Architektur auch Kommunikation bedeutet, ist im Feng Shui schon lange bekannt und wird von der Semiotik, der Lehre von sprachlichen und nichtsprachlichen Zeichensystemen, heute auch bestätigt (vgl. Umberto Eco). Aber auch die Architektursoziologie beschäftigt sich neuerdings mit der architektonischen Zeichensprache. Geschickt wird dieser Umstand von Grosskonzernen im Bereich Corporate Design (CD) genutzt: Machtdemonstration über die Architektur.

Abbildung 45: Wie wirkt dieses Haus?

Ein Haus vermittelt einen Gesamteindruck und löst beim Betrachter Gefühle aus. Auch hier können wir vom ersten entscheidenden Eindruck sprechen. Langjährige Erfahrungen im Immobilienverkauf zeigen dies ganz deutlich: Beim ersten Anblick gibt es eine innere, teils unbewusste Ablehnung oder Akzeptanz. Ein Haus muss eine Identifikationsmöglichkeit bieten. Was für ein Gefühl löst das Objekt aus? Hat das Haus ein Gesicht? Welche Aussage macht die Liegenschaft? Lassen Sie Ihr Gefühl sprechen! Könnten Sie sich damit identifizieren? Möchten Sie selbst darin wohnen?

Das Foto auf Seite 119 wurde von der Strasse her gemacht, also von der Seite, wo man das Haus zuerst wahrnimmt. Auf dieser Seite weist es nur wenige Fenster auf. Vermutlich wollte man damit die Lärmemissionen von der Strasse her minimieren. Markant stechen die Garage sowie das Dach ins Auge. Der Eingang ist eher untergeordnet. Wie ist der Gesamteindruck? Was strahlt das Haus aus? Charme? Fröhlichkeit? Ist es einladend oder eher abweisend? Wirkt es wie ein Wehrbau? Das Haus drückt eine gewisse Schwere und Traurigkeit aus. Bauten, bei denen die Garagen im Vordergrund stehen, haben nie wirklich eine Anmut.

Formen

Formen können wie die Farben den fünf Elementen zugeordnet werden:

Element	Form	Beispiele
Holz	Säulen-, Zylinderform, hoch, vertikal	Sälen, Stützen, Pfeiler, Kirchtürme, Minarette
Feuer	Dreieck, Pyramide, spitzig	Satteldach, Erker
Erde	Quadrat, Quaderform, rechteckig, flach, horizontal	Flachdach, Grundrissformen
Metall	Kreis, Kugel, Kuppelform, rund	Tonnengewölbe
Wasser	Unform, irreguläre Formen, fliessend	Alles, was keine feste Struktur hat: Pflanzen, Textilien, Wasser

Tabelle 46: Die fünf Grundformen im Feng Shui

In der westlichen Architektur wird gerne mit dem Viereck und dem Kreis bzw. Quader und der Kugel gearbeitet. Beispiele dazu sind die Villen von Andrea

Palladio oder das berühmte Bauwerk Hagia Sophia in Istanbul. Formen können durch das Farbkonzept unterstützt oder geschwächt werden.

Farbkonzepte

Auf Farbkonzepte kann hier nicht näher eingegangen werden. Es sei nur so viel gesagt, dass wir Mitteleuropäer viel mehr Mut zu Farben haben sollten, sei es bei der Gestaltung der Innenräume wie auch der Aussenfassaden.

Im Westen basiert die Farblehre auf Johann Wolfgang von Goethe. Weitere Konzepte stammen von Philipp Otto Runge, Johannes Itten und Harald Küppers. Im Osten geht man von der Elementenlehre aus. Jede Himmelsrichtung wird einem Element zugewiesen, jedes Element einer Farbe. Der Feng Shui-Farbkreis entspricht den Wandlungsphasen.

Nach der Elementenlehre werden folgende Farben den einzelnen Himmelsrichtungen zugeordnet:

Himmelsrichtung	Element	Farbentsprechung	Förderliche Farben	Ungünstige Farben
Süden	Feuer	Rot, Orange, Purpur	Grün, Blaugrün	Blau, Schwarz
Westen	Metall	Weiss, Silber, Grau	Gelb, Ocker, Braun	Rot, Orange, Purpur
Norden	Wasser	Blau, Schwarz	Weiss, Silber, Grau	Gelb, Ocker, Braun
Osten	Holz	Grün, Blaugrün	Blau, Schwarz	Weiss, Silber, Grau
Südosten	Holz	Grün, Blaugrün	Blau, Schwarz	Weiss, Silber, Grau
Südwesten	Erde	Gelb, Ocker, Braun	Rot, Orange, Purpur	Grün, Blaugrün
Nordwesten	Metall	Weiss, Silber, Grau	Gelb, Ocker, Braun	Rot, Orange, Purpur
Nordosten	Erde	Gelb, Ocker, Braun	Rot, Orange, Purpur	Grün, Blaugrün

Tabelle 47: Himmelsrichtungen und ihre Farbentsprechungen

Fehlende Himmelsrichtungen in einer Wohnung, d.h., in der Richtung, wo weder ein Fenster noch eine Tür besteht, kann die fehlende Energiequalität mittels Farben kompensiert werden. Dies ist natürlich bei allen Doppel- und Reihen-Einfamilienhäusern sowie bei Wohnungen der Fall. Dazu ein Beispiel: Ein Doppel-Einfamilienhaus grenzt im Süden an das Nachbarhaus. Folglich hat es in dieser Richtung keine Fenster und dem Haus fehlt die Qualität des Südens (Kraft, Motivation, Visionen, Kommunikation usw.). Langfristig wird sich dieser Umstand auf die Bewohner auswirken. Hier könnten Farben helfen: Die Wände in der Südrichtung werden bunt! Warme Farben wie Rot, Orange helfen hier. Aber auch Grüntöne sind geeignet.

Bei einem optimalen Bau sollten alle Formen, Farben und Materialien ausgeglichen und harmonisch gestaltet sein. Dies bedeutet, dass keine Form, zum Beispiel Dreiecke, keine Farbe oder kein Material überhand nehmen darf.

Produktlebenszyklus

«Es gibt Gezeiten auch für unser Tun; nimmt man die Flut wahr, führet sie zum Glück.»
William Shakespeare, englischer Dichter, 1564–1616

Auch der griechische Philosoph Heraklit belehrte uns bereits: «Alles fliesst!» Alles im Leben verläuft zyklisch. So durchläuft auch ein Produkt in seinem «Leben» verschiedene Phasen zwischen Geburt und Tod. Die Produktlebenszyklus-Theorien gehen auf die Arbeiten von Raymond Vernon (1966) und S. Hirsch (1967) zurück.

Im klassischen Marketing sind dies fünf Phasen: Einführung, Wachstum, Reife, Sättigung und Degeneration. Die Phasenlängen sind selbstverständlich sehr unterschiedlich und hängen sehr stark vom Produkt ab und davon, wie modisch es ist. Betrachten wir die einzelnen Phasen:

Phase	Umsatz	Gewinn	Konkurrenz
Einführung	gering	negativ	klein, wenige
Wachstum	schnell wachsend	positiv, rasche Zunahme	wenige, zunehmend

Phase	Umsatz	Gewinn	Konkurrenz
Reife	immer noch wachsend	Rückgang	viele
Sättigung	erreicht das Maximum	Rückgang, Verlust ist abzusehen	stabil, eher abnehmend
Degeneration Rückgang	Rückgang	Rückgang, eventuell Verlust	abnehmend

Tabelle 48: Phasen des Produktlebenszyklus in Bezug auf Umsatz, Gewinn und Konkurrenz

Die einzelnen Phasen zeigen auf, welche Hauptaufgaben anfallen und was in einem aktiven Marketing angegangen werden sollten:
- Einführungsphase: monopolähnliche Stellung, Werbung und PR
- Wachstumsphase: neue Konkurrenten, der Preiskampf wird eröffnet.
- Reifephase: Der Preiskampf beginnt. Produktvariationen werden notwendig (Erhaltungsmarketing).
- Sättigung: verschärfter Wettbewerb, grosser werblicher Aufwand
- Degenerationsphase: der Werbeaufwand wird reduziert. Ohne Relaunch stirbt das Produkt definitiv.

Viele Unternehmen verschlafen diese Zyklen schlichtweg und verfallen der Illusion, dass es immer so weitergehen kann wie bis anhin. Mit Goethes Worten ausgedrückt: «Werd' ich zum Augenblicke sagen: Verweile doch! du bist so schön.» Ein Beispiel dafür ist die Schweizer Uhrenindustrie, die nur Dank der Swatch 1983 gerettet werden konnte. Oft werden die Unternehmen durch innovative Konkurrenten aus dem Ausland (z.B. aus Japan oder zukünftig aus China) wachgerüttelt.

Der Immobilien-Lebenszyklus
Auch Immobilien unterliegen einem Lebenszyklus. Deshalb ist der Vergleich mit dem Produktlebenszyklus zulässig. Der Unterschied zu andern Produkten liegt darin, dass die Lebensdauer von Immobilien erheblich länger ist. Auch das Verhältnis zwischen Entwicklung und Erstellung (2–5 Jahre) zur Nutzung, die

viele Jahrzehnte dauert, ist beachtlich. Immobilien sind also langlebige Wirtschaftsgüter.

Der Zyklus sollte aber nicht linear betrachtet werden, d.h. mit einem Anfang und einem Ende, denn Immobilien werden mehrheitlich saniert und nicht abgebrochen. Vor der Degenerationsphase sollte man sich also bereits mit dem Relaunch (Neustart des Nachfolgeproduktes) auseinandersetzen, um den Rückgang aufzuhalten.

Der Lebenszyklus kann in zwei grosse Phasen eingeteilt werden: Entwicklungs- und Marktperiode. Der Wechsel der beiden Perioden findet mit der Markteinführung statt.

- *Entwicklungsperiode:* Idee, Entwicklung, Planung, Finanzierung, Vermarktung (Vermietung oder Verkauf) und Realisierung ➜ Projektmanagement
- *Marktperiode:* Nutzung, Bewirtschaftung, Renovation/Umbau/Umnutzung oder Rückbau/Abbruch oder Verkauf ➜ Facility Management

Immobilien sind meist interessante Renditeobjekte. Nutzen und Ertrag können aber im Laufe des Lebenszyklus abnehmen, wenn man nichts unternimmt. Es geht also primär um die Werterhaltung und sekundär um eine Wertsteigerung. In jeder Phase der Bewirtschaftung sollte man sich Gedanken machen, was für Entwicklungschancen sich bieten. Durch gewisse Renovationen lassen sich auch andere Zielgruppen ansprechen.

Oft lässt sich aber beobachten, dass Immobilien-Bewirtschafter (Facility-Manager) sich kaum Gedanken über einen Relaunch machen, geschweige denn, ihn konkret planen und über die Finanzierung nachdenken. Wir wissen aber, dass bei Wohnimmobilien der Ausbau innert dreissig Jahren abgeschrieben ist. Spätestens dann sind umfassende Renovationen fällig. Aber eben: Aus Marketingsicht geht es nicht bloss um Renovationen (Altes neu machen), sondern man sollte konzeptionelle Gedankenarbeit leisten. Entspricht das Objekt noch den heutigen Bedürfnissen (Grundrisskonzept, Zimmergrössen, Ausbaustandard usw.)? Welche Zielgruppen sollen zukünftig bedient werden? Ein Bewirtschafter sollte agieren und reagieren.

Produktlebenszyklus und Feng Shui

Tatsache ist, dass das Feng Shui Lebenszyklen oder besser Wandlungsphasen schon sehr lange kennt. Hier steckt altes chinesisches Wissen drin, und in den Chinesen ist dieses Denkmodell fest verankert. Es drückt das Gesetz der Polarität aus. In der Geburt steckt bereits der Keim des Todes drin! Das Leben verläuft nicht geradlinig, sondern ist immer in einer Pendelbewegung zwischen Yin und Yang. Steht das Pendel still, so tritt der Tod ein. Die Wandlungsphasen oder Elemente geben den Produktlebenszyklus exemplarisch wider:

Element	Holz	Feuer	Erde	Metall	Wasser
Jahreszeit	Frühling	Früh-Sommer	Spät-Sommer	Herbst	Winter
Tageszeit	Morgen	Mittag	Nachmittag	Abend	Nacht
Energie	Wachsen	Strahlen	Strukturieren	Zentrieren	Fliessen
Menschliche Lebensphasen	Geburt Jugend	Berufsausbildung Studium	Erwerbsleben	Pensionsalter	Tod
Produktlebenszyklus	Einführung	Entwicklung	Reife	Sättigung	Degeneration

Tabelle 49: Produktlebenszyklus im Vergleich zu den Wandlungsphasen

Einem Mann des Tao kann es nicht passieren, dass er die verschiedenen Zyklen nicht wahrnimmt oder sie gar ignoriert. Er weiss schon bei der Einführung des

Grafik 50: Immobilien-Lebenszyklus, angeordnet nach den fünf Elementen

Produkts, dass das Ende bereits im Kern vorhanden ist und er für die Lebensverlängerung besorgt sein muss.

Phase	Element	Beschreibung
Planung, Entwicklung	*Holz* Aufbruch Entwicklung	Gestaltung unter Feng Shui-Gesichtspunkten, um den wirtschaftlichen Erfolg sicherzustellen. Diese Phase nimmt Einfluss auf den ganzen Zyklus und ist deshalb von entscheidender Bedeutung.
Realisierung Vermarktung	*Feuer* Ausgestaltung Dynamik	Aus Marketingsicht geht es hier um die klare Vermarktung, entweder vermieten oder verkaufen.
Bewirtschaftung Betrieb → längster Zeitraum	*Erde* ausreifen Konsolidierung	Hier ist das Thema der Betreuung unter dem Marketingblickwinkel: Kundenbindung, Markenpflege, Service.
Renovation Umbau	*Metall* Struktur Klarheit	Damit es nicht zu einem Abbruch kommt, ist es wichtig, das Objekt einer weiteren Nutzung zuzuführen. Dies kann durch eine Umnutzung, Umbau oder Erneuerung geschehen. Wichtig ist, dass das Konzept überprüft wird, ob es noch den heutigen Bedürfnissen gerecht wird. Der Umbau erfolgt unter Feng Shui-Aspekten.
Rückbau Neustart → kurze Phase	*Wasser* Auflösung Übergang	Diese Phase ist die Phase der Entscheidung: Umbau, Verkauf oder Abbruch. Bei umfassenden Renovationen, die allenfalls eine Neuvermietung und somit Neupositionierung zur Folge haben, wird mit dem Entscheid die Phase «Planung, Entwicklung» initiiert. Der Kreis beginnt von vorne.

Zum Schluss seien die Bildworte des Hexagramms 49 (Ge – die Umwälzung) aus dem I Ging zitiert, die treffend diesen kontinuierlichen Wandel ausdrücken:

«Im See ist Feuer: Die Umwälzung.
So ordnet der Edle (aufgrund des Laufes der Gestirne) den Kalender an,
um damit den Jahreslauf zu bestimmen»

übersetzt von Georg Zimmermann

Der Gesamtcharakter dieses Hexagramms besagt: «Umwälzung bedeutet das Entfernen des Veralteten.» Es geht um das Verstehen der zeitgemässen Umstände in ihrer permanenten Veränderung und darum, sie auch nutzen zu können.

Produktinnovation

«Die wichtigsten Quellen für Neuproduktideen sind Kunden, Wissenschaftler, Konkurrenten, Reisende und Händler des Unternehmens und die Mitglieder der Unternehmensspitze.»

Philip Kotler

Wie wir beim Produktlebenszyklus gesehen haben, kann und darf ein Produkt nicht immer auf dem gleichen Stand bleiben, sondern muss ständig verbessert und weiterentwickelt werden, um einen erfolgreichen Produkt-Neustart zu initiieren (Relaunch). Oder möchten Sie ein Auto fahren, das einen Benzinverbrauch von 18 Liter aufweist, über kein ABS und keine Servolenkung verfügt und zudem einen entsetzlichen Innenlärm verursacht? Wohl kaum! Aber auch um ein neues Produkt erfolgreich im Markt einzuführen, braucht es Innovation.

Innovation heisst wörtlich «Neuerung» oder «Erneuerung». Das Wort ist von den lateinischen Begriffen novus, «neu», und innovatio, «etwas neu Geschaffenes», abgeleitet. Im Deutschen wird der Begriff heute im Sinne von neuen Ideen und Erfindungen sowie für deren wirtschaftliche Umsetzung verwendet. Innovation ist sehr wichtig, um einen Konkurrenzvorsprung zu haben. Historisch betrachtet ereignen sich die grossen Innovationen immer schubartig. Tatsache ist, dass die Innovationszyklen immer kürzer werden wie zum Beispiel in der Computer- oder Autobranche. Der Faktor Zeit wird immer wichtiger.

Unter Innovationsmanagement versteht man die systematische Planung, Umsetzung und Kontrolle von Ideen in Organisationen (Verwertung von Ideen). Zuerst müssen aber die Ideen gefunden und entwickelt werden. Wie kommt man zu neuen Ideen? Dafür gibt es viele Techniken. Angefangen vom Brainstorming, Mind-Mapping, Brainwriting, Synetik, 6-3-5-Methode, Bionik (von der Natur lernen), Delphi-Methode bis hin zur Walt-Disney-Methode.

Innovation in der Immobilienbranche
In der Immobilienbranche sieht es bezüglich Innovation eher bescheiden aus. Vergleicht man die Innovationen mit anderen Branchen, so ist in den letzten 20 Jahren nicht viel Überwältigendes passiert. Sicherlich erlaubt die neue Computertechnik heute vieles. Der Dekonstruktivismus (zum Beispiel: Frank O. Gehry, Zaha Hadid, Daniel Libeskind) wurde erst dank dieser Neuerungen möglich. Aber hier spricht man lieber von Skulptur anstelle von Architektur.

Innovationspotenzial hat die Branche im Bereich Nachhaltigkeit und erneuerbare Energien (Solartechnik) wie auch in der Gebäudeautomation. Eine andere Stossrichtung wäre diejenige in Richtung «Humanisierung der Architektur». Hier kann Feng Shui einen sehr grossen Beitrag leisten. Überbauungen unter Feng Shui-Aspekten wären eine Innovation, leider hat dies die Branche noch nicht realisiert.

Wie entsteht Innovation? Durch Kreativität und Geistesblitze. Solche Eingebungen passieren am häufigsten im «Flow-Erlebnis». Die Flow-Theorie besagt, dass man während einer Tätigkeit nicht mehr bewusst wahrnimmt, dass man diese Tätigkeit ausführt, sondern dass sie sozusagen wie von selbst ausgeführt wird. Das Ich verschwindet, und es passiert einfach. Dies entspricht letztlich dem Wu Wei-Konzept, dem Nicht-Handeln: Die perfekte Leere ermöglicht die perfekte Fülle! Dazu heisst es im Tao-Te-King: «Das Tao handelt nicht, doch nichts bleibt ungetan.»

Zurück zur Humanisierung der Architektur: Überbauungen wie «Corviale» in Rom, das längste, zehngeschossige Hochhaus Europas (958 Meter lang), und die wieder gesprengte Überbauung Pruitt-Igoe in St. Louis oder die Banlieues von Paris dürfen sich nicht wiederholen.

Nomen est Omen

Die Identifikation über einen Namen ist eine der Voraussetzungen, damit ein Produkt überhaupt beworben werden kann, ohne für sämtliche andere seiner Gattung unter erheblichen Streuverlusten mitzuwerben. Der Markenname ist ein *wesentlicher Bestandteil* der Werbung, da diese das betreffende Produkt nur «symbolisch» darstellen kann. Er ist der verbal wiedergegebene Teil der Marke. Eine Marke umfasst ja weit mehr als nur den Namen: Logo oder Emblem, Design, Bilder, Farben, Stil, Jingle (Audio-Logo), Slogan, Claim.

Auf die Wichtigkeit von Namen sind wir bereits in einem andern Zusammenhang eingegangen. Hier geht es um die Namensentwicklung (Naming, Namefinding, Namensfindung) von Immobilienprojekten, wie zum Beispiel Überbauungen, Shoppingcenter usw. Es klingt vielleicht übertrieben, doch die wichtigste, unkorrigierbarste und typischste Marketingentscheidung ist und bleibt die Namensgebung. Es gibt zur Bildung des Namens grundsätzlich zwei Möglichkeiten: einen produktbezogenen Namen mit Assoziationswirkung oder einen Fantasienamen, der keinen Produktbezug aufweist. In der Regel sind diejenigen mit einem Produktbezug idealer. Eine der bekannten Schweizer Immobilienschulen hatte lange den unglücklichen Namen «Realis». Kein Mensch erkannte, was sich dahinter verbarg und dass es sich um eine Immobilienschule handelte. Inzwischen wurde er glücklicherweise geändert. Ein Name soll etwas beschreiben, entweder die Herkunft, den Hersteller oder Designer, oder er soll auf die Produkteigenschaften (z.B. Grösse, Form, Architektur, Qualität usw.), die Produktverwendung oder die Produktverwender (Familien-Park) hinweisen.

Generell sollte ein guter Name folgende Kriterien erfüllen:
- produkttypisch, aussagekräftig
- kurz und einfach auszusprechen und auch zu lesen
- leicht verständlich und zu merken («merk-würdig»)
- zeitgemäss, frisch und unverbraucht
- einzigartig, originell, innovativ, freies Feld
- mit positiven Assoziationen verbunden!
- phonetische und visuelle Qualitäten
- Differenzierung gegenüber der Konkurrenz
- auffällig, Interesse weckend, zum Kauf anreizend
- schutzfähig

- für jedes Kommunikationsmittel einsetzbar
- juristisch einwandfrei und nicht in Kollision mit bestehenden Marken
- auch in anderen Sprachgebieten funktionierend, um Missverständnisse auszuschliessen (Die schwedischen Namen der IKEA-Produkte sind bei uns nicht ideal und können kaum ausgesprochen werden. Der Name des Musikers DJ Bobo funktioniert auch nicht in allen Ländern.)

In der Regel brauchen die Namen für Immobilien nicht so viele Kriterien zu erfüllen, denn sie werden meistens nicht geschützt und auch nur regional eingesetzt. Entscheidend ist jedoch – und dies ist ganz wichtig –, dass die hervorgerufenen Assoziationen der anvisierten Zielgruppe und der Positionierung entsprechen. Für die Namensbildung bei Immobilien stehen uns folgende Möglichkeiten zur Verfügung:

- Architekturdesign
- Flurnamen
- Quartiernamen
- Gewässer: Bach, Fluss, See
- Ausblick (zum Beispiel auf Berge, See, Fluss)
- Fantasiename

Für die Namensbildung sollte man sich Zeit nehmen. Oft geschieht es aber, dass dem Projekt bei Eingang ein Arbeitstitel gegeben wird, der sich dann hartnäckig hält, obwohl er nicht über die entsprechende Qualität verfügt.

Letztlich bringt ein Namenstest Klarheit darüber, wie er bei der Zielgruppe ankommt. Beim Test wird die Eignung des Namens systematisch überprüft, unter anderem, ob die assoziierten Erlebnisinhalte mit dem vorgesehenen Produktkonzept übereinstimmen.

Feng Shui und die Namensbildung
Auch im Feng Shui sind der Name sowie das Firmenlogo ein entscheidender Faktor für den Erfolg oder Misserfolg. Name und Logo repräsentieren ja die Grundschwingung der Firma! Sie stehen symbolhaft für das ganze Unternehmen bzw. Produkt.

Kraftwörter sind solche, die viele Vokale (Selbstlaute) aufweisen: *A, E, I, O* und *U*. Mc Donalds gilt als guter Name, besteht die Kraft doch durch das ganze Wort hindurch. Auch Toyota oder Coca-Cola haben sich dieses Wissen zunutze gemacht. Ebenfalls ist der Fluss, die Melodie entscheidend. Gibt es einen «Stopper»? Wo führt die Melodie hin? Endet der Name mit einem hohen oder tiefen Ton? Toyota endet mit einem hohen Ton!

Für die Asiaten stehen jedoch die Assoziationen, die ein Name hervorruft, im Vordergrund. Vor allem arbeiten sie mit der Homophonie (Ambiguität). Im Chinesischen haben viele Wörter eine Mehrdeutigkeit. Das Wort «Lu» bedeutet zum Beispiel gutes Einkommen und Hirsch. Also ist der Hirsch auch ein Symbol für Reichtum.

Was lösen bei Ihnen folgende Namen aus: «Pfarrain» oder «Flirt-Stallikon» (Stallikon ist ein Dorf nahe Zürich)? Grundsätzlich sollten die Assoziationen, die ein Name hervorruft, dem Vermarktungskonzept entsprechen!

Der Name «Pfarrain» bietet nur einem bestimmten Segment eine Identifikationsmöglichkeit. Mit dem Namen werden Eigenschaften wie religiös, katholisch, konservativ, moralisch und puritanisch assoziiert. Viele Konsumenten haben ein eher gestörtes Verhältnis zu Pfarrern. Wenn man aber dieses bestimmte Segment ansprechen will, ist dies in Ordnung! Es gibt sicherlich Interessenten, die damit Stille, Ruhe und Geborgenheit assoziieren. Die Buchstaben A und R geben dem Namen doch noch etwas Kraftvolles.

Den Bezug von «Flirt» zu einer Wohnüberbauung herzustellen, ist etwas schwierig. Es fragt sich, was für eine Kernaussage hier transportiert werden will. Ein Flirt ist etwas Oberflächliches, Unverbindliches und Kurzfristiges. Der Name dürfte auch eher junge Menschen ansprechen. Der Klang des Namens ist flach und stoppt mit dem T am Schluss bzw. bildet mit dem angefügten Stallikon gar einen leichten Zungenbrecher.

Zauberwort «Homestaging»

«Homestaging» stammt aus den USA. Den Begriff könnte man wie folgt definieren: «Homestaging ist die Kunst, eine Wohnung oder ein Haus vermietungs- und verkaufsgerecht herzurichten.» Hier liegt die Idee zugrunde, dass das Ambiente und die Einrichtung die Wahrnehmung der Interessenten beeinflussen. Dies will man steuern. Beim Homestaging geht es also um bestehende Immobilien, die verkauft oder vermietet werden müssen.

Vor einer Besichtigung ist es ausserordentlich wichtig, das Objekt so hell und geräumig wie möglich darzustellen und Einrichtungsvarianten aufzuzeigen. Es soll eine attraktive, ansprechende Atmosphäre geschaffen werden. Gleichzeitig wird versucht, die Räume zu «entpersonifizieren», damit sich Interessenten sofort zu Hause fühlen und sich vorstellen können, da zu wohnen.

Beim Homestaging geht es nicht darum, Mängel zu verdecken, sondern das Potenzial des Objektes hervorzuheben. Mit einfachen Mitteln können die besten Eigenschaften betont und ein neutrales, aber einladendes Ambiente geschaffen werden.

Sind Reparaturen oder Malerarbeiten notwendig? Der Wegtransport von unpassenden Möbeln, Ergänzungen von Möbelstücken oder Raumschmuck? Braucht es beleuchtungstechnisch noch Ergänzungen? Im Einzelhandel sowie auch in Restaurants weiss man schon seit Langem, wie wichtig durchdachte Beleuchtungskonzepte sind. Man will das Angebot ins «rechte Licht» rücken. Langsam hält das bedeutsame innenarchitektonische Element «Licht» auch in Privatwohnungen Einzug.

Auch Neubauten können durch den Homestager möbliert werden, um ein Ambiente zu schaffen. Leere Objekte sehen meist kleiner aus, als wenn sie möbliert sind. Dem will man damit entgegensteuern, denn viele Interessenten haben ein schlechtes Vorstellungsvermögen und sehen das Potenzial der Räume nicht.

Beim Homestaging stellt sich immer die Frage, wie viel in ein Objekt investiert werden soll, insbesondere, weil der Käufer meist seinen eigenen Geschmack und seine Vorstellungen hat. Wenn wir einen neuen Teppich verlegen, will der Käufer bestimmt einen Parkett oder Plattenbelag. Hier muss man den gesunden Menschenverstand walten lassen. Wenn aber ein bestehender Teppich wirklich unansehnlich und abstossend wirkt, sollte er ersetzt werden.

Feng Shui und Homestaging
Feng Shui praktiziert Homestaging schon lange. Der Feng Shui-Berater entfernt alle störenden und negativ wirkenden Objekte (zum Beispiel Bilder, Möbel etc.). Er stellt die Möbel so, dass eine Atmosphäre entsteht, die der Funktion des Raumes gerecht wird. Dabei ist wichtig, dass die Macht über den Raum eingenommen werden kann (Rückendeckung, Blick zur Tür). Gerade im Feng Shui ist Licht ein wichtiges Element, symbolisiert es nicht zuletzt die Sonne und die Er-

kenntnis. Aber auch Pflanzen sind ein attraktives Element und heben den Chi-Gehalt im Raum an. Je nach Budget kann die eine oder andere Wand neu gestrichen oder ein Bodenbelag ausgewechselt werden. Oft reichen schon kleine Veränderungen, die eine grosse Wirkung haben. Bilder und Symbole, die sehr persönlich sind und unter Umständen auch Ideologien widerspiegeln, sollten besser entfernt werden. Die Räume müssen ja vielen Interessenten eine Identifikation erlauben. Wenn die Atmosphäre sehr drückend und düster ist, kann auch eine energetische Reinigung vorgenommen werden.

Viele Makler haben begonnen, mit Feng Shui-Beratern zusammenzuarbeiten. Für die meisten ist diese Zusammenarbeit sehr fruchtbar.

Der Preis

«Obwohl es sehr wichtig ist, den richtigen Preis festzulegen, wird die Preisbildung in den meisten Unternehmen nicht richtig vollzogen.»

Philip Kotler, amerikanischer Marketingprofessor, *1931

Die Preispolitik ist ein Teilbereich des Marketing-Mix, der alle absatzpolitischen Massnahmen zur Bestimmung und Durchsetzung der finanziellen Gegenleistungen der Käufer für die von einer Unternehmung angebotenen Sach- und Dienstleistungen umfasst.

Das Wort «Preis» leitet sich vom Lateinischen «pretium» ab und bedeutete ursprünglich «Wert». Später entwickelte sich der Begriff zur Bezeichnung der Anzahl Geldeinheiten, die ein Anbieter für die von ihm feilgehaltene Leistung fordert. Nach Philip Kotler sind Preisentscheidungen bei folgenden Anlässen zu fällen:

1) *Erstmalige Festlegung* eines Preises, die bei Neuprodukten, beim Eintritt in neue Märkte und bei Ausschreibungen für einmalige Aufträge notwendig ist.
2) *Preisänderung,* initiiert durch die Unternehmung aufgrund von Nachfrage- und Kostenänderungen sowie bei Sonderaktionen zur Nachfrageunterstützung.

3) *Preisänderung*, initiiert durch die *Konkurrenz* (was heute in der Branche stark mitspielt).
4) Ermittlung des optimalen Preisverhältnisses von Produkten *innerhalb einer Produktlinie* (z. B. innerhalb einer Überbauung), die hinsichtlich der Preise und/oder Kosten miteinander verbunden sind.

Zur Preispolitik zählen im Weiteren: Preisstrategien, Preisdifferenzierung (räumlich, zeitlich, sachlich und personell), Preisnachlässe (Rabatte und Skonti), Absatzfinanzierung (Vermittlung von Krediten) sowie die Liefer- und Zahlungsbedingungen.

Preisbildung

Wie kann ein Preis gebildet werden? Betriebswirtschaftlich betrachtet versteht man unter dem Wert den Nutzen, der einem Objekt von einem Subjekt beigemessen wird. Der Wert hängt aber auch von der Knappheit des Gutes ab. Luft hat zum Beispiel einen sehr hohen Nutzen für den Menschen. Sie ist aber im Moment nicht knapp, deshalb kostet sie noch nichts. Wasser hat ebenfalls einen sehr hohen Nutzen. Es wird aber immer knapper, damit steigt vermutlich irgendwann der Preis.

Die klassischen preistheoretischen Modelle beruhen auf realitätsfremden Prämissen, sodass sie kaum für reale Preisentscheidungen herangezogen werden können. Deshalb widmen wir uns lieber den drei praxisbezogenen Orientierungsmöglichkeiten:

Die progressive Kalkulation (kostenorientierte Methode)
Hier werden die *Kosten* zur Preisbildung (Kostenprinzip) herangezogen: Landpreis, Baukosten und eine Bruttomarge (Trading Profit).

Die kostenorientierte, progressive Kalkulation steht bei vielen wirtschaftlich Unkundigen im Vordergrund und ist weit verbreitet. Kosten sind gleichbedeutend mit dem Preis. Dies ist aber eine völlig falsche Auffassung. Der Preis hat grundsätzlich nichts mit den Kosten zu tun, obwohl frühere Ökonomen, vor allem Karl Marx, diese Ansicht vertraten. Kosten bestimmen weder den Wert noch den Preis. Jeder Bewertungspraktiker kann dies bestätigen.

Die retrograde Kalkulation (Marktpreiskalkulation)
Diese Methode orientiert sich einerseits an der *Nachfrage* (Nachfrageintensität), andererseits an der *Konkurrenz*. Der Marktpreiskalkulation liegt demzufolge die Idee zugrunde, dass der Preis für ein Produkt nicht errechnet werden kann, sondern sich vielmehr aus den Marktverhältnissen ergibt bzw. davon abgeleitet wird.

Die konkurrenzorientierte Preisbildung hat aber einen Nachteil: Die Konkurrenz kann auch falsch liegen! Allerdings ist diese Preisfestsetzung marktgerechter als die kostenorientierte Methode. Ihr Nachteil liegt jedoch darin, dass hier an der Preisspirale kräftig gedreht wird, wie man es in der Vergangenheit modellhaft beobachten konnte. Wurde der Büroraum für 175 Euro pro m² p.a. vermietet, ging man davon aus, dass die Räume auch noch für 190 Euro pro m² p.a. angeboten werden konnten. Endlos kann an dieser Spirale aber nicht gedreht werden. Der Markt wendet sich irgendwann. Ebenfalls gilt zu beachten, dass ausgeschriebene Preise nicht identisch sind mit den tatsächlich erzielten Preisen. Statistiken dazu können nur ein Indiz sein.

Das klassische *Preisbildungsdreieck* umfasst also folgende Faktoren:

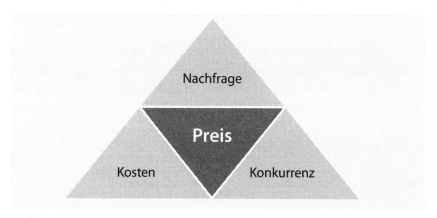

Grafik 51: Das klassische Preis-Dreieck

Manchmal spricht man beim Preisbildungsdreieck auch von den 3 «K»: *K*osten, *K*onkurrenz und *K*unden (= Nachfrage). Die Kosten kennen wir, die Konkurrenz müssen wir mittels Konkurrenzanalyse erheben (Internet-Recherche). Die Einschätzung der Nachfrageintensität ist schon etwas schwieriger.

Preisbildung in der Immobilienbranche

In der Immobilienbranche wird zwischen Neubauten und bestehenden Verkaufsobjekten unterschieden. Bei Neubauten werden die ersten groben Preisbestimmungen bereits in der Akquisitionsphase vorgenommen, damit mittels der Machbarkeitsstudie der Investitionsentscheid überhaupt gefällt werden kann. Nun geht es um die Feinchirurgie der Preisfestlegung, insbesondere, wenn es sich um eine Überbauung handelt. Das Ziel ist die optimale Preisbestimmung innerhalb eines «Sortiments». Eine Immobilie ist immer ein Unikat. Deshalb gibt es auch unterschiedliche Preise. Innerhalb einer Überbauung ist jeder Standort unterschiedlich, auch wenn die Häuser im Umkreis von hundert Metern liegen. Hauptsächlich sind hier die Besonnung, die Fernsicht sowie die Lärmemissionen entscheidend, unter Umständen auch die Höhenlage.

Bei bestehenden Verkaufsobjekten hat der Auftraggeber vielfach klare Vorstellungen vom Preis. Oft decken sich diese nicht mit der Einschätzung des Maklers, insbesondere, wenn es sich um einen Liebhaberpreis handelt. Ein Liebhaberpreis ist bekanntlich ein Preis, der sich ökonomisch nicht vertreten lässt. Hier muss der Makler den Klienten aufklären und darauf aufmerksam machen, dass der Verkaufsprozess länger dauern wird und der Preis später ohnehin gesenkt werden muss.

Lässt man ein Objekt von drei verschiedenen Experten bewerten, so gibt es drei verschiedene Resultate, die oft um 10 bis 15 Prozent variieren. Eine Immobilienbewertung ermittelt nicht den Verkaufspreis als solchen, sondern stellt die Möglichkeit eines Preises dar. Grössere Preisdifferenzen deuten auf einen methodischen Fehler hin. Beim Verkauf hilft ein neutrales, externes Gutachten einer renommierten Immobilienfirma oder Bank.

4960 € pro m²	5000 € pro m²
498 000 € pro Wohnung	502 000 € pro Wohnung
998 000 € pro Haus	1 000 000 € pro Haus
Finanzierungsaufwand pro Monat 1940 €	Finanzierungsaufwand pro Monat 2012 €

Tabelle 52: Psychologische Preisgestaltung

Noch eine Bemerkung zur psychologischen Preis-Gestaltung. Welche Preise sehen in der Tabelle auf Seite 136 optisch besser aus, die links oder die rechts? Die Preise der linken Spalte wirken attraktiver.

Feng Shui und die Preise

Aus taoistischer Sicht geht es bei einem Produkt primär um seinen *inneren Wert*. Idealerweise stimmen der innere Wert und der Geldwert überein, was nicht immer der Fall ist. Die Festsetzung des Geldwertes ist die Aufgabe des traditionellen Marketings. Dabei wird aber kaum auf den inneren oder fairen Wert eines Produktes geachtet. Es gibt viele Produkte, die weder wertvoll noch nützlich sind, aber einen hohen Gewinn abwerfen.

Bei der Feng Shui-Preisbildung kommt eine neue Dimension hinzu: Hier geht es darum, zwischen dem inneren Wert und dem Geldwert eine Harmonie herzustellen, was langfristig bestimmt der ehrlichere Weg ist. Folglich handelt es sich also um einen energetischen Austausch zwischen Käufer und Verkäufer. Bei Managementgehältern, bei Fussballern oder Popikonen zum Beispiel ist dieser Austausch jedoch vielfach nicht gegeben. Das funktioniert auf die Dauer nicht. Es soll ein faires Geben und Nehmen sein. Dieses «Fair» ist sicherlich nicht immer leicht zu ermitteln, und vermutlich gibt es auch nur im Idealfall einen absoluten Ausgleich. Manchmal gewinnt der eine, manchmal der andere. Im Grossen und Ganzen sollte aber die Balance vorhanden sein. Grosse Ausschläge sind zu vermeiden. Auch hier ist die Pendelbewegung zwischen Yin und Yang festzustellen.

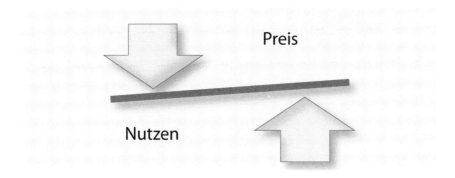

Grafik 53: Der Preis bestimmt den Nutzen: Der energetische Austausch

Selbstverständlich steht auch bei der Beurteilung des inneren Wertes der Nutzen eines Produktes im Vordergrund. Was bekommt der Kunde dafür? Früher wurden Produkte getauscht. Hier konnte der Käufer besser abschätzen, was für ihn von Wert war, da ein reales Gut getauscht wurde. Geld ist etwas Abstraktes. Auch in Krisenzeiten lebt jeweils der Tauschhandel wieder auf: Lebensmittel im Tausch gegen andere Güter wie zum Beispiel Zigaretten. Viele versuchen diesen realen Tausch wieder einzuführen (Bartering – geldloses Verrechnungssystem).

Im Idealfall besteht eine absolute Harmonie zwischen dem Preis und dem Nutzen oder «inneren Wert». Da sich der Preis aus Marketingsicht nicht errechnen, sondern nur von den Marktgegebenheiten ableiten lässt, spielt auch hier die Intuition eine sehr grosse Rolle. Die Intuition soll den inneren Wert erspüren. Der Makler hat ein Gefühl für das Objekt und den Preis: Was ist der innere Wert des Hauses? Welchen Preis ist der Kunde bereit zu bezahlen (Marktwert: Angebot/Nachfrage)? Diese beiden Fragen ergeben unter Umständen unterschiedliche Antworten, wie die Börse bei Wertpapieren immer wieder zeigt.

Der Faktor Zeit ist für die Preisbildung im Feng Shui ebenfalls bedeutsam. In welchem Zeitraum soll das Objekt verkauft werden? Sechs, neun oder zwölf Monaten? Wie sind die derzeitigen Rahmenbedingungen (Konkurrenz, Wirtschaftslage, Kapitalmarkt usw.)? Oft müssen Eigentümer aufgrund von privaten

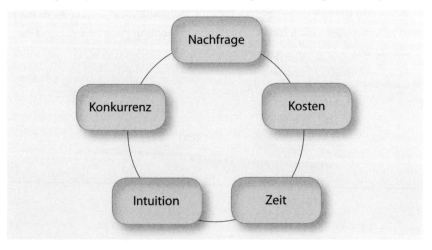

Grafik 54: Das Feng Shui-Preis-Pentagramm

Gegebenheiten ihre Immobilie im «dümmsten» Moment verkaufen. Hätte man ein Jahr warten können und mehr Zeit für den Verkauf gehabt, hätte man einen andern Preis erzielt. Gewisse Makler geben auf die Frage des Auftraggebers, zu welchem Preis er seine Liegenschaft anbieten könne, die lakonische Antwort: «Wann möchten Sie sie denn verkauft haben?»

Aus all diesen Überlegungen heraus hat sich das Feng Shui-Preis-Pentagramm entwickelt: Zu den drei klassischen Faktoren (Konkurrenz, Kosten, Nachfrage) sind die beiden Faktoren Intuition und Zeit dazugekommen.

Bei Unsicherheiten oder unterschiedlichen Peisauffassungen hilft eine weitere Methode: Man kann den Preis auspendeln! Die Frage an das Pendel würde zum Beispiel lauten: Zu welchem Preis wird das Objekt innert sechs Monaten verkauft?

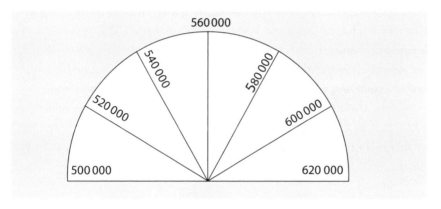

Grafik 55: Pendelkarte mit möglichen Verkaufspreisen zwischen 500 000 und 620 000 Euro

Diese Karte wurde in sechs Sektoren mit den entsprechenden Preisspannen eingeteilt. Je nachdem, auf welchen Sektor das Pendel ausschlägt, können Sie den Preis in diesem Segment festlegen. Wenn das Pendel sich im Bereich 540 000 bis 560 000 Euro bewegt, kann der Preis zum Beispiel bei 556 000 Euro angesiedelt werden.

Auch wenn diese Methode einigen zu esoterisch scheinen mag, bewährt sie sich. Pendeln ist immer noch besser, als den Preis am Markt zu testen und alle drei Monate eine Preisänderung vorzunehmen. Zudem macht das Pendeln nur die eigene Intuition sichtbar und nichts anderes!

Kommunikation

«Es ist ein Beweis hoher Bildung, die grössten Dinge auf die einfachste Art zu sagen!»
Ralph Waldo Emerson, amerikanischer Philosoph und Schriftsteller, 1803–1882

Haben wir das Produkt und kennen wir den Preis dafür, so muss auch die Zielgruppe wissen, dass wir über ihr gewünschtes Produkt verfügen. Wenn einen niemand kennt, so kommt niemand. So einfach ist es! Wir müssen auf irgendeine Weise auf das Produkt aufmerksam machen. Ein erfolgreiches Marketing muss also nebst einem guten Produkt, der stimmigen Preisfestsetzung und dem Vertrieb des Produktes auch kommunikative Aufgaben erfüllen, um über die Existenz des Produktes und seine Vorteile zu informieren. Dafür stehen uns die Kommunikationsinstrumente zur Verfügung. Kommunikationspolitik als einer der Hauptbestandteile des Marketing-Mix umfasst die planmässige Gestaltung und Übermittlung aller Informationen, die für den Markt bestimmt sind.

Harold Dwight Lasswell, der amerikanische Kommunikationstheoretiker, hat 1948 in einer griffigen Formel sein Modell der Massen-Kommunikation geschaffen. Nach ihm sind die fünf Grundelemente der Kommunikation folgende:

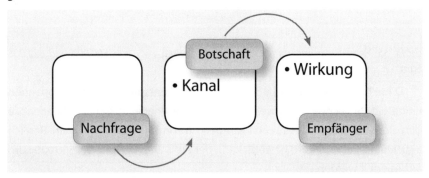

Grafik 56: Lasswell-Formel: Modell der Massenkommunikation

Die Formel lautet: «Wer sagt was in welchem Kanal zu wem mit welchem Effekt?»

- Wer sagt → Sender/Kommunikator
- Was → Inhalt, Botschaft
- In welchem Kanal → Medium
- Zu wem → Empfänger, Zuhörer
- Mit welchem Effekt → Effekt, Wirkung

Inzwischen gibt es an Lasswells Formel einige Kritikpunkte. Die Kommunikation wird mehrheitlich aus Sicht des Kommunikators dargestellt, und es existiert kein Raum für ein Feedback. Die wechselseitige Abhängigkeit zwischen Kommunikator und Empfänger wird also nicht erkennbar. Marketing ist aber ein Austauschprozess. Aus taoistischer Sicht muss ein Fluss bzw. ein Kreislauf bestehen.

Gerade in der Kommunikation ist die Grenze zwischen Feng Shui und Psychologie fliessend. Beide Disziplinen gehen davon aus, dass das Unbewusste mehr wahrnimmt, als wir glauben. Oft lassen sich Sympathien und Aversionen Personen oder einem Haus gegenüber kaum erklären. Vieles hat auch einen Symbolcharakter. Deshalb ist es in der Kommunikation entscheidend, dass die Botschaft auf zwei Ebenen anspricht: auf einer sachlichen, rationalen Ebene und auf einer emotionalen, psychologischen. Dies wird in der Immobilienbranche extrem vernachlässigt. Wohnimmobilien werden aber mit Emotionen gekauft. Vielfach sind es da auch die Frauen, die über den Kauf entscheiden und mehr aufs Bauchgefühl hören. Gerade deshalb ist die emotionale Botschaft so wichtig.

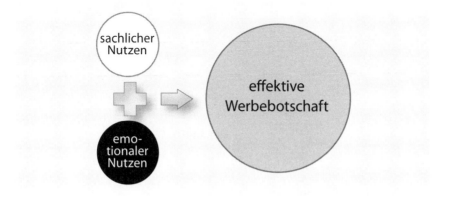

Grafik 57: Elemente der Botschaft: Die Polarität der Kommunikation (Yin + Yang)

Zur sachlichen und emotionalen Botschaft kommt noch ein Handlungsappell hinzu (Action). Ausserdem sollte der Wettbewerbsvorteil klar ersichtlich sein. Viele Texte sind allzu technisch abgefasst und oft in einer Sprache, die nur Eingeweihte verstehen. Hier braucht es Übersetzungsarbeit. Was sagt ein «k-Wert von 0,32» einem Laien? Vermutlich gar nichts! Was es braucht, ist ein klarer Nutzen, zum Beispiel, dass durch diesen Wärmedämmwert weniger Heizöl verbraucht wird und der Nutzer Geld sparen kann.

Ein weiteres Thema aus taoistischer Sicht ist die Frage der Kongruenz. Ein zentrales Anliegen im Taoismus ist die Natürlichkeit (tzu-jan oder ziran). Es ist die Harmonie mit sich selbst und die Treue zu sich selbst. Der chinesische Begriff dafür lautet «tzu-jan», was so viel bedeutet wie «von selbst so seiend». Wenn wir uns als Mensch anders geben, als wir sind, verhalten wir uns inkongruent, und wir sollten uns nicht wundern, dass uns das Umfeld immer anders sieht, als wir gesehen werden möchten. Oder wir ziehen immer die falschen Leute an. Und so ist es mit Produkten. Wenn wir die Essenz des Produktes nicht klar erkennen und somit auch etwas anderes kommunizieren, ziehen wir die falschen Kunden an, die dann frustriert sind. Konkret bedeutet dies: Die falschen Interessenten besichtigen die Objekte, sagen später ab oder sind verärgert.

Durch den Marketing-Mix muss bekanntlich ein «roter Faden» bestehen, d.h., die Instrumente müssen aufeinander abgestimmt sein. So verhält es sich auch bei den Kommunikationsinstrumenten. Die Grundaussagen und die Botschaft müssen aber immer dieselben sein. Man spricht von einem Kommunikationsanker.

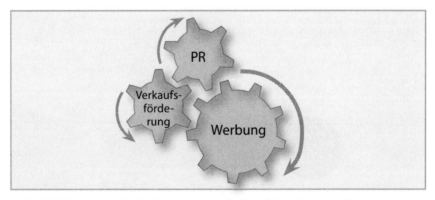

Grafik 58: Die Kommunikationsinstrumente müssen aufeinander abgestimmt sein.

Die vier bzw. fünf Hauptinstrumente der Kommunikation lassen sich wie folgt unterscheiden:
a. Das wichtigste und klassische Instrument der Kommunikationspolitik stellt die *Werbung* dar.
b. Der zweite Teilbereich, der eher kurzfristige und unmittelbare Anreize für den Kauf eines Produktes gibt, ist die *Verkaufsförderung*.
c. Das Werben um öffentliches Vertrauen, das sich mehr auf das Firmenimage bezieht, aber auch auf Produkte (vgl. Produkte-PR), übernehmen die *Public Relations*.
d. Als weiteres wichtiges Element ist der persönliche *Verkauf* anzuführen (vor allem im Bereich Produktions- und Investitionsgüter und Immobilien).

Neuerdings wird auch das Instrument *Direct Marketing* als einzelnes Instrument aufgeführt. Früher wurde es unter der Verkaufsförderung subsumiert. Hier geht es um die direkte Ansprache genau definierter Kunden. Die Reaktionen werden individuell erfasst und ausgewertet.

Betrachten wir nun die einzelnen Kommunikationsinstrumente.

Werbung

Werbung wird gelegentlich treffend als das «Sprachrohr des Marketings», als die Sprache der Unternehmungen und der Produkte bezeichnet.

Als absatzpolitisches Instrument hat sie folgende spezifische Aufgaben zu erfüllen:
1) Information und Schaffung eines Bekanntheitsgrades. Wenn niemand weiss, dass ich eine Immobilie zu verkaufen habe, so interessiert sich auch niemand dafür.
2) Aufbau einer Produktpersönlichkeit und eines Produktimages. Ich muss das Haus ins rechte Licht rücken und klar machen, welche Vorzüge das Objekt hat, was an ihm charakteristisch ist.
3) Erzielung eines Kaufanreizes und Erzeugung der Nachfrage: Motivieren und aktivieren! Letztlich soll darin auch «eine Aufforderung zur Tat» enthalten sein, so dass sich die Interessenten melden und tatsächlich das Eigenheim kaufen wollen.

Werbekonzept

Ein Werbekonzept besteht aus 9 Elementen. Nebst dem Ziel, dem Budget und dem Controlling müssen die sechs folgenden Fragen abschliessend beantwortet sein:

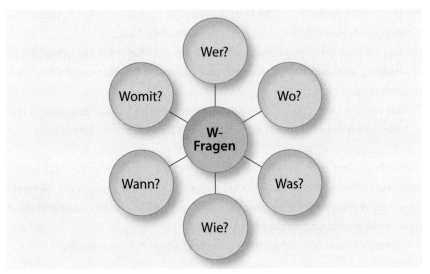

Grafik 59: Grundfragen, die beantwortet werden müssen, um ein Werbekonzept erstellen zu können.

Betrachten wir die sechs Fragen im Detail:

a) **Zielgruppe**

    WER soll angesprochen werden (Zielgruppe)?
    WO wird übermittelt (räumlicher Einsatz und Koordination)?

Die Zielgruppe haben wir bereits bei der Segmentierung behandelt. Beim Werbekonzept geht es nun klar um die Feinsegmentierung, d.h., die Zielgruppe wird genau umschrieben. Beispiel: Haushaltgrösse 4 Personen, Haushalteinkommen 120 000 Euro, Altersklasse 38–44 Jahre, Akademiker, oberes Kader, urban, sportlich; Grossraum Zürich und Süddeutschland usw.

b) **Copy Plattform (Copy Strategy)**

WAS wird übermittelt (informativer Gehalt der Botschaft)?
- USP: Unique Selling Proposition (Verkaufsversprechen)
- UAP: Unique Advertising Proposition (einzigartige Werbebotschaft)
- RW: Reason Why (Kaufgrund, Beweisführung)

WIE wird übermittelt (Form und Stil, Präsentation und Tonalität der Botschaft)?

Beim «Was» geht es darum zu zeigen, wie hervorragend das Haus ist. Wenn wir die SWOT-Analyse ernsthaft durchgeführt haben, wissen wir, welche Pluspunkte vorhanden sind. Ebenfalls haben wir uns darüber bei der Positionierung Gedanken gemacht: Welches ist die Produkteigenschaft, auf welche die Zielgruppe besonderen Wert legt und die das Objekt attraktiv macht? Die Positionierung ist eng mit dem USP verbunden. Wenn die Aufgaben zuvor gelöst wurden, kann diese Frage schnell beantwortet werden.

Das «Wie» lässt sich von der Zielgruppe ableiten. Wenn wir wollen, dass ein Amerikaner uns richtig versteht, sprechen wir am besten in englischer Sprache mit ihm. Wir passen uns also seiner Sprache an. Generell sollte ein Werbetext in einer gut lesbaren Sprache geschrieben sein, aber dem Niveau der Zielgruppe entsprechend. Wenn wir also Akademiker als Zielgruppe anvisieren, sollte der Stil entsprechend sein.

c) **Mediaplattform**

WANN wird übermittelt (zeitlicher Einsatz und Koordination)?
WOMIT wird übermittelt (Werbemittel und Werbeträger)?

Hier geht es darum, einen konkreten Medienplan zu erstellen, d.h., wann wird inseriert und in welchen Medien. Wichtig dabei ist, dass die verschiedenen Aktionen aufeinander abgestimmt sind. Wenn in Tageszeitungen inseriert wird, sollte schon die Website stehen. Wenn PR-Aktionen geplant werden, ist es ideal, dass parallel dazu Inserate erscheinen.

Werbegrundsätze

Es gibt einige allgemeine Werbegrundsätze, die beachtet werden sollten:

1) *Zielklarheit:* Die Vorzüge eines Produkts müssen deutlich sein, damit der Leser erkennt, worum es geht. Man sollte ihm keine Rätsel aufgeben, sonst hängt er ab. Die Lesebereitschaft darf nicht strapaziert werden. Gerade im Bereich Direct Marketing ist dies wichtig: Wenn der Leser nicht innert zehn Sekunden erkennt, um welches Produkt es sich handelt und ob es für ihn interessant sein könnte, wirft er den Brief in den Papierkorb bzw. löscht die E-Mail. Bei den Vorzügen geht es um das bereits erwähnte USP. Was macht das Haus so besonders? Dies könnte zum Beispiel die Seesicht und eine fantastische Sicht in die Berge sein, oder ein sehr grosszügiger Grundriss und eine unvergleichbare Architektur.

2) *Einheitlichkeit:* Hier geht es um den Wiedererkennungseffekt. Der Betrachter muss sofort erkennen können, dass es sich hier um die gleiche Überbauung handelt. Es ist fatal, wenn während einer Kampagne der Auftritt geändert wird: Logo, Bilder, USP usw. Man beginnt praktisch von vorne und kann nicht auf dem aufbauen, was bereits getan worden ist. Es ist also wichtig, in Inseraten, Spots, Plakaten usw. immer die gleichen Logos, Bilder und Aussagen zu verwenden.

3) *Stetigkeit:* Werbung ist ein Lernprozess, und die Wiederholung ist bekanntlich der beste Pädagoge. Mit zwei, drei Inseraten ist es also nicht getan. Man geht davon aus, dass ein Inserat mindestens fünfmal erscheinen muss, damit es überhaupt wahrgenommen wird. Das Werbebudget sollte deshalb nicht mit einigen Grossinseraten verpufft, sondern sinnvoll eingesetzt werden: Lieber mehrere kleinere Inserate als zwei grosse.

4) *Planmässigkeit:* Gestalten Sie Ihre Werbung nicht nach Lust und Laune, sondern gehen Sie planmässig vor. Die Aktionen sollten aufeinander abgestimmt werden. Am besten erstellt man einen schriftlichen Werbeplan auf einige Monate hinaus.

5) *Originalität:* «Anders sein als alle andern!» ist grundsätzlich positiv, aber nicht um jeden Preis. Es besteht die Gefahr, dass diese Originalität umkippt und von der Zielgruppe als dumm und dämlich taxiert wird. In diesem Fall hätte man gerade das Gegenteil erreicht.

6) *Aktualität*: In der Werbung können Aktualitäten aufgenommen werden, wie

zum Beispiel grosse Sportereignisse usw. Diese Trends müssen frühzeitig erkannt werden, denn viele Themen sind sehr kurzlebig. Zu beachten gilt dies besonders bei der Fernsehwerbung, da hier nicht so schnell reagiert werden kann!
7) *Ästhetische Wirkung:* Die Geschmäcker sind bekanntlich verschieden. Künstlerisch hochstehende Werbung hat nicht immer den gewünschten Erfolg und umgekehrt. Auch dürfen die Gefühle der Öffentlichkeit nicht verletzt werden. Als Beispiel dafür mögen die Werbungen von Benetton oder Dolce & Gabbana dienen.

Sprache

Die Sprache ist ein heikles Thema, dem viel zu wenig Beachtung geschenkt wird. Oft kritzelt man schnell in fünf Minuten ein Immobilieninserat hin, meistens aufgrund von alten Inseraten. Hier sollte man sich aber Zeit nehmen.

Beim Texten, insbesondere auch bei Mailings, sollte man sich ausserdem an die KISS-Formel halten. *KISS* stammt aus der amerikanischen Werbesprache und ist ein Akronym aus: «*K*eep *i*t *s*imple and *s*tupid!» Zu Deutsch: «Halte es einfach und blöd!» Das Wort «blöd» sollten Sie vielleicht nicht zu wörtlich nehmen, sondern man kann es auch im Sinne von «verständlich» verstehen. Wenn der Kunde einen Satz zwei- oder dreimal lesen muss, damit er ihn begreift, kündigt er seine *Lesebereitschaft*. Einen Heinrich Kleist sollte man als Werbetexter tatsächlich nicht als Vorbild nehmen. Geben Sie dem Leser auch nie Rätsel auf (K-Wert, Streifenfundament und ähnliches Fach-Chinesisch), insbesondere mit vielen Abkürzungen, die dem Laien nur als Hieroglyphen erscheinen. Warum wohl wird die Tageszeitung «Blick» oder «Bild» so häufig gelesen? Es braucht dafür fast keinen Leseaufwand.

Die meisten Inserattexte und Prospekte sind allzu technisch und sehr produktorientiert formuliert. Der Makler verkauft das Objekt aber nicht seiner Firma oder sich selbst.

Abbildung 60: Inserat mit sprachlichem Steigerungspotenzial

Das Inserat auf Seite 147 ist sehr produktorientiert und technisch abgefasst. Vor allem geben die vielen Abkürzungen dem Laien Rätsel auf. Will man damit Inseraten-Millimeter sparen? Fühlt sich der Leser von diesem Text wohl emotional angesprochen?

Bildsprache

«Ein Bild sagt mehr als tausend Worte.»

aus China

Die Chinesen erkannten schon früh die Wirkung der Bilder. Jedes Bild beinhaltet eine Botschaft, die direkt ins Unbewusste drängt. Wie wir bereits wissen, legt das Feng Shui sehr grossen Wert auf die Analyse von Bildern und Symbolen. Bilder wirken in jedem Fall, seien es solche in der eigenen Wohnung oder im Büro, in Zeitschriften oder Prospekten. In der Interpretation und Übersetzung der Bildsprache ist der Feng Shui-Kundige ein Experte.

Abbildung 61: Objektfoto mit Steigerungspotenzial

Die Immobilienbranche lässt diesbezüglich viel zu wünschen übrig! Der Blick ins Internet bestätigt dies: Da werden Innenräume, in denen ein totales Chaos herrscht, oder Bauten im Gegenlicht oder im Regenwetter gezeigt. Dies wirkt wenig verkaufsfördernd. Man meint, Architekturfotografie sei eine einfache Sache. Dem ist leider nicht so.

Das Foto auf Seite 148 wurde zur falschen Tageszeit aufgenommen, denn das Objekt ist nicht optimal besonnt. Zudem sieht man den Fotografen im Spiegelbild der Fenster. Der Sitzplatz und die untere Fassade präsentieren sich schlecht.

Verkaufsprospekt
Der Verkaufsprospekt ist ein *zentrales Hilfsmittel* für den Verkauf (Sales Folder). Bei der Erstellung (Inhalt) und Gestaltung (Form) sollen der Kunde und dessen Bedürfnisse im Mittelpunkt stehen (kundenorientiert). Was will der Kunde wissen? Was interessiert ihn? Wie viele Fachkenntnisse hat er in der Regel? Kann er die Pläne lesen?

Hier zeigt sich die gleiche Situation wie bei den Inseraten: Der Prospekt wird aus einer völlig produktorientierten Haltung heraus erstellt. In den meisten Fällen versteht der potenzielle Kunde den Baubeschrieb nicht, da er nicht auf seine Verständnisebene transponiert wurde. Hand aufs Herz: Interessiert es den Laien, ob es sich um ein Streifenfundament handelt? Oder ob die Kellerwände aus Kalksandsteinen sind? In einer späteren, konkreten Phase vielleicht, am Anfang aber eher weniger. Die Pläne werden zu kompliziert und mit verwirrenden Massen dargestellt; sie müssen für eine bessere Lesbarkeit «entrümpelt» werden.

Anders verhält es sich, wenn das Objekt an Profis (institutionelle Anleger) verkauft wird. Aber auch hier kann man diese detaillierten, technischen Angaben noch separat zusammenstellen und nachliefern.

Welche Angaben sollten in einem Verkaufsprospekt enthalten sein? Was könnte einen potenziellen Käufer interessieren? Nebst einer Einleitung, in der bereits die wesentlichen Vorzüge des Objektes beschrieben sind, sollten Angaben über den Mikro- und Makrostandort enthalten sein. Sicherlich gehören auch die Lage- und Situationspläne der Umgebungsgestaltung dazu sowie die Grundriss- und Fassadenpläne, allenfalls ein Schnittplan (vereinfachte Darstellung!). Ein für den Laien lesbarer Gebäudebeschrieb mit Raumprogramm (Flächenangebot, Aufteilung) sowie Raumbeschrieb (bedürfnisgerechter Auszug aus dem Baubeschrieb) sollte ebenfalls vorhanden sein – wenn möglich mit professionell aufbereitetem Fotomaterial (ideal 13 cm × 18 cm). Dass die Kontaktdaten enthalten sein müssen, versteht sich von selbst (Wer ist zuständig? Firmenname, Adresse, Telefon, E-Mail).

In diesem Zusammenhang sei auf die *Visualisierung* hingewiesen. Darunter versteht man die fotorealistische, dreidimensionale visuelle Darstellung der geplanten Architektur. Die Planunterlagen werden von spezialisierten Firmen so aufgearbeitet, dass sie für den Laien lesbar und attraktiv sind (farbig, möbliert usw.). Dies ist mit Kosten verbunden, aber für Neubauten lohnt es sich auf jeden Fall. Wir wissen inzwischen, wie wichtig Bilder sind!

Der Verkaufspreis sollte nie direkt in den Prospekt integriert, sondern stets auf einem Beiblatt aufgeführt werden (Preisänderungen, Vertraulichkeit).

Grundsätzlich muss der Prospekt mit dem Objekt (Grösse, Attraktivität), dem Kaufpreis und demzufolge auch mit der Zielgruppe korrespondieren (roter Faden), d.h., er muss dem Erscheinungsbild des Objekts angepasst sein. Ein teurer Hochglanzprospekt für vier billige Reiheneinfamilienhäuser wäre also nicht angebracht.

Public Relations

Public Relations sind das bewusste und legitime Bemühen um Verständnis sowie um Aufbau von Vertrauen in der Öffentlichkeit auf der Grundlage systematischer Erforschung.

Bei Public Relations geht es demnach grundsätzlich um zwei Dinge: Um ein Verhalten, das Vertrauen schafft, sowie um die Pflege von Kontakten zu bestimmten Gruppen der Öffentlichkeit. Ziel ist also, ein positives Unternehmensimage und ein dauerhaftes Vertrauensverhältnis aufzubauen. Um Vertrauen gewinnen zu können, muss man allerdings vertrauenswürdig sein. Die Hauptziele der Öffentlichkeitsarbeit können wir wie folgt zusammenfassen:

- Bekanntheitsgrad steigern
- Vertrauen und Glaubwürdigkeit fördern
- Unsicherheiten und Vorurteile abbauen
- Image aufwerten und pflegen
- Kontakt zu einer bestimmten Zielgruppe herstellen, festigen und ausbauen

Zu den klassischen PR-Instrumenten zählen:
- Pressearbeit: Pressemitteilung/Pressemappe, Pressekonferenzen, Presse-Apéro, Presse-Fahrten usw.
- Medienbeobachtung: Auswertung und Analyse
- Mediengestaltung: Berichte, Broschüren, Bulletins, PR-Inserat etc.
- Veranstaltungsorganisation: Konferenzen, Kurse und Vorträge usw.
- Interne Kommunikation
- Training, Medientraining
- Sponsoring
- Veröffentlichung Geschäftsbericht
- etc.

Auch in der Immobilienbranche gibt es oft Gelegenheit, sich der PR-Instrumente zu bedienen: Spatenstich, Aufrichtefest, Eröffnungsfeier, Informationsabende usw. Diese Instrumente werden von der Immobilienbranche leider oft zu wenig genutzt. Gerade wenn sich ein Projekt in ländlicher Gegend befindet, sind die Redaktoren der Lokalzeitungen froh, wenn sie Themen und Material bekommen. Die Chance, dass ein Beitrag platziert werden kann, ist dann gross, wenn man parallel dazu in der Zeitung noch inseriert. Wichtig ist dabei, dass die Beiträge einen Lesernutzen aufweisen. Mit PR darf nie Schleichwerbung betrieben werden. Der Artikel muss also seinen Platz immer durch sprachliche Qualität und hohen Lesernutzen verdienen. Noch etwas: kein Beitrag ohne Fotomaterial! Der Leser will Bilder sehen.

Gerade bei grösseren Projekten ist eine offene Informationspolitik Gold wert. Es empfiehlt sich, Informationsveranstaltungen noch vor dem ordentlichen Baubewilligungsverfahren durchzuführen. Besonders wenn man befürchtet, dass es Opposition gegen das Projekt geben könnte, sollte man frühzeitig handeln. «Wir sollten uns mit den grossen Problemen befassen, so lange sie noch ganz klein sind», empfiehlt uns ein Zitat.

Zu den Anspruchsgruppen von Informationsveranstaltungen zählen: Nachbarn, Behörden, Politiker, Gewerbeverein, Presse usw. Die Presse sollte mit guten Pressemappen bedient werden. Ein attraktives, reprofähiges Bildmaterial sowie Planunterlagen liegen den Unterlagen bei, vielleicht alles schon in digitaler Form (CD-Rom). Das Wichtigste ist in Kürze zusammengefasst. Das erleichtert dem

Journalisten die Arbeit. Zudem kann so sichergestellt werden, dass die Angaben stimmen. Es gibt nichts Schlimmeres, als wenn nach einer Informationsveranstaltung am andern Tag nur Belangloses zu lesen ist und die zentralen Anliegen kaum erwähnt werden. Oder die Projektdaten nicht stimmen ...

Grundlage der PR-Politik ist das Corporate Identity (CI). Es ist das Bild, das sich ein Unternehmen selbst gibt. Es ist langfristig geplant und erarbeitet. Das Corporate Design (CD) ist das visuelle Bild der Corporate Identity, also quasi die «Fahne». Dazu zählen aber auch alle anderen optischen Elemente (Schriftzug, Farbe, Schrifttyp, Uniformen usw.), insbesondere das Firmenlogo. Auch für Überbauungen werden heutzutage Logos entwickelt. Betrachten wir nachstehend, was das Feng Shui zu Logos meint.

Feng Shui und Logos

Feng Shui beschäftigt sich eingehend mit Firmen-Logos. Sie sind ein fester Bestandteil des Business Feng Shui. Logos repräsentieren die Essenz der Firma und sind deshalb sehr bedeutungsvoll. Sie können sogar als Glückssymbol angewendet werden. Wird das Logo verändert, so verändert sich auch deren Träger. Die Chinesen haben klare Vorstellungen von Logos:

- Nicht zu viele Ecken und Pfeile im Logo, Rundungen werden bevorzugt.
- Logos sollten auffällig sein und einen hohen Symbolgehalt aufweisen.
- Sie sollten die Firmenvision oder die Zielgruppe darstellen.
- Form und Farben müssen sich gegenseitig unterstützen (nach der Elementenlehre).
- Keine zu abstrakten Muster, die allenfalls negative Botschaften enthalten.
- Yin und Yang sollten ausgeglichen sein. Ein rotes Dreieck wäre zum Beispiel zu stark yangbetont.
- Die Farbe sollte die Branche unterstützen.
- Familien-Wappen sollten nicht verwendet werden, da sich dadurch die Schicksale zwischen Familien und Geschäft verknüpfen.
- Der Name soll gut lesbar sein.
- Einheitliche, schlichte und gleichmässige Formen wirken harmonischer.
- Keine gekappten Formen (abgebrochen, zerschnitten, angefressen).

Wichtig ist vor allem, in welche Richtung das Logo zieht oder sich hinbewegt:

Richtung	Interpretation
→	Rechts steht für die Zukunft. Lineare Entwicklung, kein kontinuierliches, steiles Wachstum
←	Links steht für die Vergangenheit. Die Entwicklung führt in die Vergangenheit. Auch die Dynamik fehlt
↑	Klarer Aufstieg, Wachstum, nicht unbedingt zukunftsorientiert
↓	Klarer Abstieg, Tod
↖	Es zeigt in die Vergangenheit, Festhalten an Tradition, nicht zukunftsorientiert. Starker Widerstand gegen die Entwicklung. Wie lange noch?
↗	Es ist ein Aufstieg, und zwar zukunftsgerichtet, also Erfolg
↙	Nach unten in die Vergangenheit, langsamer Tod
↘	Es geht hinab. Die Zukunft sieht nicht gut aus, Fall und Verlust

Tabelle 62: Richtungen und ihre Interpretation

Betrachten wir nun nachstehende Logos unter Berücksichtigung obiger Interpretation:

CNN	Zürcher Kantonalbank	Das Logo von CNN wirkt sehr dynamisch und entwickelt sich nach rechts, in die Zukunft. Das Logo der Zürcher Kantonalbank zeigt nach links, in die Vergangenheit, was nicht unbedingt wünschenswert ist.
Apple Computer	swissair	Das Logo von Apple stellt einen Apfel dar, der rechts angebissen ist. Es wird ihm die Zukunft genommen. Die Swissair änderte vor ihrem Grounding das Logo. Es symbolisiert den Heckflügel eines Flugzeuges: Dieses fliegt nach links, also direkt in die Vergangenheit.

153

JAGUAR	NOKIA	Der «Jaguar» springt eindeutig in die Vergangenheit. Er hält an der Tradition fest und wendet sich von der Zukunft ab. Nokia zeigt in die Zukunft, in den Erfolg.
SWX SWISS EXCHANGE	ROLEX	Die Swiss Exchange hat ein Schweizerkreuz, das abgebrochen am Boden liegt. Es weist nach unten links, was einem langsamen Fallen gleichkommt. Auf solche Grafiker-Mäzchen sollte definitiv verzichtet werden. Das Logo von Rolex wird in diesem Zusammenhang immer gerne gezeigt. Die Krönung!

Verkauf

Der Verkauf ist ein weiteres wichtiges Marketing-Instrument der Kommunikation. Allerdings sind die folgenden Betrachtungen nicht Feng Shui-spezifisch, sondern sie spiegeln vielmehr die langjährige Erfahrung aus dem Immobilienverkauf wider.

Verkäufer sind wohl die am schlechtesten ausgebildete Berufsgattung. Dies kommt daher, weil die Überzeugung herrscht, dass man Verkaufen nicht lernen müsse. Entweder man kann es oder eben nicht. Hier irren sich viele. Verkaufen kann man lernen! Die Grundbedingung ist, dass man Menschen und den Umgang mit ihnen mag.

Das alte Verkaufsmodell vom «Hard Selling» hat definitiv ausgedient. Heute sprechen wir von einem neuen Modell, dem *konsultativen Verkauf*. Betrachten wir diesen Verkaufsprozess in seinem Ablauf (Grafik Seite 155):

Der Verkaufsprozess kann modellhaft in acht Phasen eingeteilt werden, wobei diese in der Praxis nicht immer klar voneinander zu trennen sind. Auch der Ablauf findet nicht immer in derselben Reihenfolge statt. Im Verkaufsgespräch sollte der Verkäufer allerdings merken, in welcher Phase er sich gerade befindet.

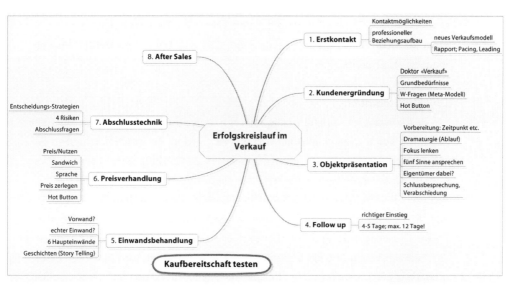

Grafik 63: Erfolgskreislauf im Verkauf

Erstkontakt

Hier geht es darum, dass der Verkäufer vorerst einmal eine Vertrauensbasis schafft. In der Psychologie nennt man dies Rapport. Es geht also um den professionellen Beziehungsaufbau. Dies ist die Basis, das Fundament des Verkaufs und stellt die «halbe Miete» dar. Im modernen Verkaufsmodell macht der Beziehungsaufbau etwa 40 Prozent aus. Auch die Chinesen pflegen zu sagen: «Bevor du mit jemandem ein Geschäft abschliesst, mache ihn zuerst zum Freund.»

Kundenergründung

Die meisten Verkäufer «vergessen» diesen Punkt schlichtweg, dabei ist er der wichtigste. Sie sind zu sehr produktorientiert und auf den Abschluss fokussiert. Sie sehen den Käufer und seine Bedürfnisse nicht. Wie kann ich jemandem etwas verkaufen, wenn man nicht genau weiss, was diese Person will und braucht? Wie beim Arztbesuch stellt der Doktor zuerst viele Fragen, da der Erfolg der Therapie von der Diagnose abhängt. Durch die Befragung kennt der Verkäufer das ausschlaggebende Kaufkriterium und die Priorität des Kunden, den «Hot Button». Die Kundenergründung sollte im Idealfall bereits beim ersten Telefonanruf stattfinden. Ein solches Vorgehen dokumentiert die Verkaufskompetenz und erhöht die Glaubwürdigkeit des Verkäufers. Die Bedarfsanalyse entspricht etwa 30 Prozent des ganzen Verkaufsgeschehens. Die ersten beiden Phasen machen also bereits 70 Prozent aus!

Objektpräsentation
Die dritte Phase entspricht im allgemeinen Verkauf dem «Vorführen». Die Präsentation sollte bereits im Büro vorbereitet werden. Zu welcher Tageszeit erscheint das Objekt am positivsten? Welches Zeitbudget wäre optimal? Wer kommt zur Besichtigung? Kann ich noch mehr Informationen über die Interessenten einholen (googeln)? Es lohnt sich, immer etwas vor dem Termin vor Ort zu sein, um das Objekt zu lüften. Vielfach kommen die Interessenten ebenfalls früher. Die Besichtigung sollte dramaturgisch richtig gestaltet sein. Wo beginne ich die Vorführung und wo beende ich sie? Viele Experten sind sich darin einig, dass die schlechteste Ecke, zum Beispiel der Keller, zuerst gezeigt werden sollte, und der schönste Raum, der Höhepunkt, zum Beispiel das Wohnzimmer, am Ende. Auch eine klare Vereinbarung über den weiteren Verbleib ist zwingend notwendig.

Während der Besichtigung sollte der Verkäufer immer wieder mit gezielten Fragen die Kaufbereitschaft des Interessenten testen. Zentral ist auch, dass er den Fokus auf das Positive lenkt, denn die meisten Interessenten suchen immer nur Mängel. Die Objektpräsentation entspricht 20 Prozent des ganzen Prozesses.

Follow up
Viele Verkäufer vernachlässigen das Nachfassen. Vielleicht haben sie Angst vor dem «Nein» oder wollen nicht aufdringlich sein. Aber wenn ich mir die Zeit und Mühe genommen habe, das Haus zu zeigen, so darf ich auch wissen, wo die Interessenten im Entscheidungsprozess stehen. Zudem muss man bedenken, dass die Begeisterung Tag für Tag sinken kann. Die Interessenten sprechen mit sogenannten Freunden und Kollegen, die ihre Meinung abgeben, denn jeder fühlt sich als Fachmann. Die Kunden werden also eher negativ beeinflusst. Das Nachfassen sollte nicht zu früh, aber auch nicht zu spät erfolgen: Vier oder fünf Tage Bedenkzeit sind ideal. Zwölf Tage können schon zu spät sein.

Einwandbehandlung
Je mehr kritische Fragen ein Interessent stellt, desto interessierter ist er an dem Objekt. Er sucht nach guten Kaufgründen und möchte seine rationalen Bedenken zerstreuen. Der Verkäufer muss ihm dabei helfen. Einwände sind also Kaufsignale. Wichtig ist herauszufinden, ob es sich um echte Einwände oder nur um Vorwände handelt, d.h. um Argumente, die einfach nicht stimmen. Wenn der Interessent die wahren Gründe nicht mitteilen will, kann man ihn fragen, ob er das Haus kaufen würde, wenn dieser Punkt gelöst wäre. Aus der SWOT-Analyse kennen wir ja alle positiven wie auch negativen Aspekte der Liegenschaft, haben ein gutes Argumentarium zurechtgelegt und sind damit bestens gewappnet für die Einwandbehandlung. Mit der Reframing-Technik (Umdeutung) kann ein negativer Aspekt in einen positiven verwandelt werden. Dazu ein Beispiel: Hat ein Mehrfamilienhaus keinen Lift, so sind die positiven Aspekte folgende: tiefere Betriebs- und Unterhaltskosten, tägliche Fitness. Bei diesem Beispiel kann auch die Bemerkung gemacht werden: «In einem zweigeschossigen Einfamilienhaus würden Sie vermutlich mehr Treppen steigen, als mit dieser Wohnung ohne Lift!» Letztlich ist es wiederum das Spiel mit der Polarität: In jedem negativen Punkt liegt ein positiver Kern.

Preisverhandlung
Bei der Preisverhandlung sollte man das Wort «kostet» vermeiden, denn es ist negativ besetzt. Ein Haus bekommt man für xy Euro. Der Preis darf keine zentrale Stelle im Verkaufsgespräch einnehmen. Hilfreich ist auch, den Preis mit der Sandwich-Methode zu präsentieren. Wenn der Kunde sich nach dem Preis erkundigt, wäre eine mögliche Antwort: «Das tolle Haus mit diesem riesigen Gartenanteil und dem Top-Ausbaustandard bekommen Sie für xy Euro. Darin sind selbstverständlich die beiden Garagen enthalten.» Die Aussage ist wie folgt aufgebaut: Nutzen–Preis–Nutzen.

Oft will der Kunde nur einen psychologischen Gewinn als einen tatsächlichen Preisnachlass erzielen, um zu zeigen, dass er ein cleverer Geschäftsmann ist. Ein Preisnachlass sollte immer an Bedingungen geknüpft werden. Auch der Käufer muss etwas anbieten, zum Beispiel die Zusage, dass das Geschäft sofort abgeschlossen wird. Zuerst soll aber geklärt werden, ob er nach einem Preisnachlass definitiv zusagt und ob dies der einzige Grund ist, der ihn von der

Zusage abhält. «Zu teuer» bedeutet aber einfach, dass der Käufer den Nutzen noch nicht sieht. Also sollte der Verkäufer ihm den optimalen Nutzen gegenüber dem Kaufpreis darlegen. Wir wissen ja: Preis und Nutzen müssen sich die Waage halten.

Abschlusstechnik
Die Abschlusstechnik nimmt rund zehn Prozent des ganzen Verkaufsgeschehens ein. Wenn sich bis hier alles gut entwickelt hat, läuft das Geschäft. Der Verkäufer muss aber den Mut aufbringen, die Interessenten direkt danach zu fragen: «Wollen wir das Geschäft miteinander machen?» oder «Darf ich die Verträge vorbereiten?». Manchmal empfiehlt es sich auch, die Kaufbereitschaft des Kunden nochmals zu testen. Somit muss noch keine Entscheidungsfrage gestellt werden: «Wann möchten Sie einziehen?» oder «Für den Fall, dass Sie sich positiv entscheiden, würden Sie lieber den hellen Parkett nehmen?».

After Sales
Ein guter Verkäufer ist auch nach dem Verkauf für den Kunden da, wenn dieser noch gewisse Anliegen hat.

Der Feng Shui-Makler

«Lernen ist wie Rudern gegen den Strom – wer damit aufhört, treibt zurück!»
«Eine Investition in Wissen bringt immer noch die besten Zinsen.»
Benjamin Franklin, amerikanischer Verleger, Staatsmann, Schriftsteller, 1706–1790

Wir sind nun beinahe am Schluss dieses Buches angelangt. Wir können uns hier zu Recht fragen, was nun eigentlich der Erfolg einer Immobilienvermarktung ausmacht. Eines ist sicher: Ein Marketingkonzept kann noch so gut sein – wenn es nur mangelhaft umgesetzt wird, hilft es nicht viel. Somit ist der wichtigste Faktor, der über Erfolg oder Misserfolg entscheidet, der Mensch. In jedem Betrieb ist er die wichtigste Ressource. Das gilt auch für das Immobiliengeschäft. Es ist nicht eine anonyme Firma, welche die Vermarktung vornimmt, sondern es sind die Menschen, die das tun. Aus diesem Grunde wollen wir uns in diesem Kapitel mit dem Menschen befassen.

Untersuchen wir nun, was einen erfolgreichen Makler ausmacht: Worin unterscheidet sich der Feng Shui-Makler vom traditionellen? Was macht er anders? Um diese Frage zu beantworten, rufen wir uns die sogenannten Soft und Hard Skills in Erinnerung:
- Hard Skills (Yang): Fachkompetenz, berufliche Ausbildung
- Soft Skills (Yin): Motivation, Selbstständigkeit, Teamfähigkeit, Sprachkompetenz, Freundlichkeit, Mut, Konfliktfähigkeit, Empathie, Sensibilität und Intuition

Langfristig erfolgreich können wir nur sein, wenn wir beide Skills entwickeln und einsetzen. Zu lange wurde in der Wirtschaft das Schwergewicht nur auf das

Fachwissen gelegt, auch in der Personalrekrutierung. Fachwissen und eine gute Ausbildung sind grundsätzlich unerlässlich. Aber der entscheidende Faktor ist die Psychologie: das Selbstbewusstsein, das Glaubenssystem, die Kommunikation und innere Blockaden wie Angst und Schuldgefühle.

Der Unterschied zwischen dem klassischen und dem Feng Shui-Makler liegt hauptsächlich darin, dass sich der Feng Shui-Makler ebenso auf die sanften Fähigkeiten, insbesondere die medialen, sensitiven Anlagen, konzentriert und diese auch pflegt und weiterentwickelt. Er hat aber auch eine andere Einstellung zu seiner Arbeit, eine ganzheitliche Sicht sowie einen respektvollen Umgang mit den knappen Ressourcen. Er ist nicht nur egoistisch auf seinen Verkaufsabschluss und somit auf seine Provision fokussiert, sondern er versucht, dem richtigen Kunden das richtige Haus zu verkaufen. Er definiert Erfolg also anders. Im Vordergrund stehen eine erfüllende Arbeit und Beziehungen zu den Menschen. Der monetäre Erfolg ist nur ein Teilaspekt.

Die fünf Säulen des Fortschritts

Was es alles für den individuellen Erfolg braucht, darüber kann diskutiert werden. Es lohnt sich, ein Marketing für die eigene Person zu betreiben, be-

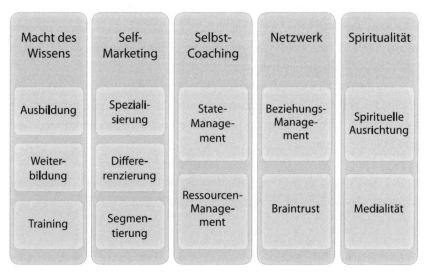

Grafik 64: Die fünf Säulen des Erfolgs

beginnend mit der SWOT-Analyse. Zu diesem Zwecke sind die folgenden fünf Bereiche aufgeführt, bestehend aus drei sanften und zwei harten Faktoren.

Macht des Wissens

Die permanente Weiterbildung ist nicht bloss Kür, sondern Pflicht. Am besten entwickeln wir ein eigenes System, wie wir geistig fit bleiben, und erstellen ein persönliches Trainingsprogramm: Welche Seminare und Trainings besuchen wir jährlich, welche Bücher möchten wir lesen? Gibt es Fachzeitschriften, die wir unbedingt lesen müssen? Um immer eine Nasenlänge voraus zu sein, müssen wir unsere Fähigkeiten permanent weiterentwickeln. Unter Umständen wäre ein persönlicher Coach über einen gewissen Zeitraum ideal. Der Erfolgscoach Anthony Robbins hat dazu den Begriff CANI geschaffen: «constant and never-ending improvement».

Self-Marketing

Hier geht es um die persönliche Vermarktung. Wir können ein persönliches Marketingkonzept erstellen, auch wenn wir noch im Anstellungsverhältnis sind. Beginnen wir mit der persönlichen SWOT-Analyse. Wo liegen die Stärken, wo die Schwächen? Da, wo die Stärken auf die Chancen treffen, müssen wir einhaken. Spezialisieren Sie sich auf ein Spezialgebiet, zum Beispiel auf die Vermarktung von Einzelhandelsflächen, Seniorenresidenzen oder Villen. Vielleicht liegt Ihnen das Bewerten von Immobilien besser. Also werden Sie der absolute Bewertungsprofi. Schaffen Sie sich einen Namen! Unterscheiden Sie sich von den andern durch Ihre Einzigartigkeit und Unschlagbarkeit. Arbeiten Sie anders als Ihre Konkurrenten. Suchen Sie sich das richtige Segment, das Sie bedienen möchten, und konzentrieren Sie sich darauf.

Selbstcoaching

Erfolg haben will gelernt sein! «Darf ich Erfolg haben?» oder «Kann ich Erfolg haben?» sind Schlüsselfragen. Die erste Frage zielt auf die Erfolgsblockaden ab, die zweite auf die Erfolgsstrategien. Aber auch Fragen wie: «Warum tue ich nicht das, was ich wirklich will?», «Wie komme ich auf Kurs?», «Wie bleibe ich auf Kurs?» sind bedeutend.

Wichtig im Coaching ist das Zustandsmanagement. Nur wer über seine Ressourcen verfügt, kann optimal agieren. Das ist ein zentrales Anliegen im Selbstcoaching. Aber auch die Auseinandersetzung mit Erfolgsblockaden, d.h. die Kommunikation mit dem Unbewussten und das Einüben von neuen Denkmustern ist unerlässlich.

Beim Selbstcoaching geht es um Mentaltraining, Entspannungstechniken sowie um lösungsorientiertes Denken. Wir lernen den Umgang mit uns selbst und wie wir die brachliegenden Ressourcen aktivieren können.

Der amerikanische Erfolgsautor und NLP-Trainer Anthony Robbins drückt es wie folgt aus: «Was ist das Geheimnis des Erfolgs? Oft vermuten wir, es sei Genie. Doch glaube ich, dass wahres Genie die Fähigkeit ist, unsere allerkraftvollsten inneren Ressourcen aufzurufen, einfach dadurch, dass wir uns selbst in den Zustand absoluter Gewissheit versetzen.»

Netzwerk

Gerade im Verkauf ist ein gutes und grosses Beziehungsnetz ein wahrer Trumpf. Je mehr Leute wir kennen, desto besser. Bauen wir also systematisch unser Beziehungsnetz aus. Erstellen Sie eine Liste, welche Persönlichkeiten in Ihrer Region, Ihrem Gebiet wichtig sind. Kontaktieren Sie sie. Gehen Sie mit ihnen beispielsweise zum Mittagessen.

Eine neue Form von Netzwerk ist der Braintrust. Der Schweizer Jungunternehmer Alex S. Rusch definierte den Braintrust einmal so: «Wenn sich zwei oder mehrere Personen freiwillig zusammentun, um gemeinsam ihre Energien, Fähigkeiten, Talente, Verbindungen, ihre Kreativität und ihr Fachwissen sowie alle anderen Ressourcen auf ein bestimmtes Ziel auszurichten, dann entsteht ein Braintrust.» Der Braintrust hat noch weitere Namen, zum Beispiel: Talentbank (Deepak Chopra), Experten-Netzwerk oder Mastermind Alliance (Napoleon Hill), Dream Team oder Scan Works (Tom Peters). Wie immer wir es betiteln: Das Netzwerk sollte interdisziplinär und strukturiert sein. Worum geht es dabei? Im Braintrust geht es um folgende Ziele:

1) gegenseitige Motivation
2) gegenseitiges Unterstützen und Coachen im Erreichen der Ziele
3) Zugang erhalten zu mehr Ressourcen: Wissen, Erfahrungen, Beziehungen, Lösungen, Möglichkeiten, Ideen, Kreativität usw.

4) getragen, gestützt werden, was zu höherem Selbstwert und mehr Anerkennung führt
5) Kommunikation: effektive Gesprächspartner
6) Freundschaft

Denken wir immer daran: Geben und Nehmen müssen einigermassen ausgeglichen sein – der Kreislauf muss stets fliessen! Denken wir dabei an die Lieblingsmetapher von Laotse: das Wasser!

Spiritualität

Die spirituelle Ausrichtung scheint für den Menschen von besonderer Wichtigkeit zu sein. Es geht um eine Rückbindung und Abstimmung zu etwas Höherem, was auch immer dies für den Einzelnen sein mag. Für den Taoisten ist es das Tao. Spiritualität wird auch als «das Suchen nach dem Heiligen» definiert. Es geht um eine nach Sinn und Bedeutung suchende Lebenseinstellung, bei der wir uns langsam unseres höheren Ursprungs bewusst werden. Wir spüren dabei die Allverbundenheit mit den anderen Menschen, der Natur und dem Höheren. Dies hat zwangsläufig Auswirkungen auf die Lebensführung und die ethischen Vorstellungen. Die Grundhaltung ändert sich: Wir zentrieren uns nicht mehr aufs Ego, sondern auf das transzendente Zentrum.

Wir sollten uns konstant nach «oben», nach dem Himmel ausrichten und nach «unten» verwurzeln, analog dem Baum!

Spirituelle Kommunikation

Spirituelle Kommunikation gibt es, seit es die Menschheit gibt. Hier liegt der Gedanke zugrunde, dass wir auf einer anderen Ebene alle miteinander verbunden sind. Nennen wir diese Allverbundenheit einmal das «kollektive Unbewusste». Wenn ich also mittels Meditation auf diese Ebene gehen kann, bin ich mit allen Menschen verbunden. Diesen Umstand kann ich mir zunutze machen.

Wenn ich zum Beispiel mit einer Person in einem Konflikt stehe, kann ich diese Person auf der anderen Ebene fragen, was die tatsächliche Ursache dieses Konflikts ist und wie wir ihn lösen könnten. Eine sehr hilfreiche Möglichkeit ist auch die der externen Ressource. Nehmen wir einmal an, wir hätten einen schwierigen Fall zu lösen und kommen einfach nicht weiter. Wir könnten uns überlegen, wer dieses Problem lösen könnte. Vielleicht kommt uns ein Berufskollege in den Sinn, den wir anrufen könnten. Was können wir aber tun, wenn wir keinen Lösungsvorschlag haben? Vielleicht kommt uns nun Philip Kotler oder C. G. Jung in den Sinn. Wer immer es sein mag, wir können nun über den Weg unseres individuellen Unbewussten zu diesen Personen finden und sie befragen.

Probieren wir diese Möglichkeit einfach aus. Wir können dies natürlich als Aberglaube oder Hirngespinst abtun. Kein Problem! Oder wir können das als neue Kreativitätsstrategie beteiteln. Wie es funktioniert, spielt grundsätzlich keine Rolle. Hauptsache, es funktioniert und uns steht eine weitere Lösungsvariante zur Verfügung.

Affirmationen für Makler

«Das Glück deines Lebens hängt von der Beschaffenheit deiner Gedanken ab.»
Mark Aurel, römischer Kaiser, 121–180

Wie wir schon erfahren haben, ist nebst den instrumentellen Techniken ebenso das Selbstbild für den Erfolg wesentlich. Wir alle haben natürlich unsere Redensarten, Glaubenssätze und Überzeugungen. Wir haben sie von unseren Eltern, Erziehungs- und Bezugspersonen und von unserem Umfeld übernommen. Die einen erkennen wir leicht, die anderen vielleicht nur durch unser Umfeld. Tatsache ist, dass sie uns beeinflussen. Darüber zu urteilen, ob sie nun gut oder schlecht sind, spielt hier keine Rolle. Die Kernfrage ist nur: Unterstützen unsere Glaubenssätze unsere Ziele und Visionen oder sabotieren sie uns ständig, lassen sie uns im entscheidenden Moment zaudern oder gar versagen?

Glaubenssätze beinhalten die Generalisierungen, die wir über die Welt sowie unsere Arbeits- und Verhaltensprinzipien machen. Es sind Überzeugungen über uns selbst und darüber, was in der Welt um uns herum möglich ist. Wir verallgemeinern unsere Erfahrungen und erheben sie zum Gesetz. Wenn ein Geschäft gescheitert ist, heisst dies noch lange nicht, dass in Zukunft alle Geschäfte platzen.

Viele haben eine sogenannte erlernte Hilflosigkeit, die zu Pessimismus, depressiven Verstimmungen und Mutlosigkeit führt, was eindeutig Energie raubt. Der amerikanische Psychologe Martin Seligman stellte fest, dass diejenigen, die dem Leben gegenüber optimistisch eingestellt sind, erfolgreicher sind. Dies beobachtete er insbesondere auch bei Immobilien-Maklern.

Es ist deshalb entscheidend, dass wir unsere inneren Dialoge bewusst beobachten. Wir haben im Tag schätzungsweise gegen 80 000 Gedanken. Was denken wir jeden Tag so vor uns hin? Was reden wir den ganzen Tag mit uns selbst? Meistens sind es die gleichen Gedanken wie am Vortag. Wenn wir aber diese Gedanken noch mit Gefühlen nähren, so werden sie eines Tages zu grossen Monstern, die wir nur mit Mühe wieder loswerden. Auch die Chinesen pflegen zu sagen: «Achte auf deine Gedanken! Sie sind der Anfang deiner Taten.»

Dies entspricht dem Konzept der selbst erfüllenden Prophezeiung. Unsere Energie folgt der Aufmerksamkeit. Deshalb ist die Achtsamkeit so bedeutend. Wir können uns überlegen, ob wir wirklich das wollen, was wir täglich so vor uns hin sinnieren. Und wohin würde uns dies führen, in einem Jahr, in fünf oder zehn Jahren? Wollen wir dort ankommen? Wenn nicht, so haben wir jetzt die Wahl, aber auch die Macht, dies zu ändern. Nur das Denken im Augenblick bestimmt unser Leben! Leben wir also im Hier und Jetzt und achten wir auf unsere Gedanken und Worte.

Auch im buddhistischen «Dhammapada», in dem die Aussprüche Buddhas gesammelt sind, heisst es: «Alles, was wir sind, ist das Ergebnis dessen, was wir gedacht haben. Alles, was wir sind, beruht auf unseren Gedanken und wird aus unseren Gedanken gebildet.»

Affirmationsbeispiele

Affirmationen sind meist kurze Sätze, die einen positiven und bejahenden Sinn haben. Sie sollen unsere Ressourcen aktivieren. Vermutlich ist das Wiederholen von heiligen und aufbauenden Sätzen bzw. Selbstsuggestionen so alt wie die Spiritualität selbst. Denken wir dabei an die Mantras aus dem Hinduismus und Buddhismus, die kurzen, formelhaften Wortfolgen, die repetitiv rezitiert werden. Nachstehend finden Sie eine Auswahl möglicher Affirmationen (Bejahungen, Zustimmungen).

- Ich habe immer genügend lukrative Aufträge. Jeden Auftrag schliesse ich sofort und zu aller Zufriedenheit ab.
- Ich verkaufe jeden Monat mindestens ein Haus. Jedes Objekt ist immer sofort verkauft.
- Ich ziehe immer nur gut verkäufliche Verkaufsobjekte an.
- Ich ziehe Käufer an, die in meinen Verkaufsobjekten glücklich sind. Sie sind glücklich mit dem Vertragsabschluss.
- Ich heisse alle Kunden und Käufer herzlich willkommen und ziehe sie magnetisch an. Meine Kunden sind stolz, dass ich für sie arbeite.
- Ich liebe das Höchste und Beste in allen Menschen. Ich ziehe jetzt die höchsten und besten Kunden und Käufer in mein Leben.
- Gewinnbringende Ideen strömen mir laufend zu. Ich bin eine erfolgreiche Person.
- Alle Ideen, alle Geldmittel, alle Kontakte und Beziehungen, die zu meinem Erfolg führen, stehen mir jetzt zur Verfügung, jetzt und immer.
- Ich habe vollkommenes Vertrauen in die höhere Führung und Unterstützung. Ich ziehe Käufer an, die Geld haben, die genau solche Häuser, Wohnungen und Grundstücke suchen, die ich anbiete, und die sich an deren Besitz freuen werden.
- Jeder, der mir begegnet, bringt mir Glück und Segen. Ich bin immer zur richtigen Zeit am richtigen Ort.
- Ich arbeite konzentriert, systematisch, effizient und effektiv. Ich gebe stets mein Bestes.
- Ich erkenne sofort das Potenzial der Verkaufsobjekte.
- Ich freue mich an der Arbeit, am Leben und den Herausforderungen.
- Ich wende all mein Wissen tagtäglich aktiv an. Ich habe Grund, mich täglich aufs Neue zu meinem Erfolg zu beglückwünschen.
- Ich denke, handle und fühle aus meiner Mitte, aus dem Tao heraus.
- In jeder Krise erkenne ich die Chancen und gehe gestärkt daraus hervor.
- Die umfassende Weisheit lenkt mich auf meinem Weg, und der Segen ruht auf allem, was ich heute beginne. Die universelle Liebe umgibt und beschützt mich.

- Vertrauensvoll blicke ich in die Zukunft. Ich glaube an die Zukunft. Ich schicke anderen gute Gedanken für ihren vermehrten Wohlstand.
- Ich habe grosses Potenzial in mir.
- Ich bin erfolgreich in dem, was ist tue.

Nachstehend finden Sie Sätze, die sehr machtvoll sind, da sie auf die Identitätsebene abzielen.

Es handelt sich dabei um «Ich bin»-Sätze:
- Ich bin ein wertvolles Wesen. Darum leiste ich auch wertvolle Arbeit. Mein Wert steigert sich durch alles, was ich tue. Meine Mitmenschen schätzen und achten meine Arbeit.
- Ich bin zuversichtlich und mutig.
- Ich bin reich auf allen Ebenen: geistig, seelisch und materiell.
- Ich bin medial, sensitiv und fantasievoll.
- Ich bin wach für meine Gelegenheiten und nutze meine Chancen optimal.
- Ich bin locker und souverän.

Suchen Sie ein paar Affirmationen aus, von denen Sie sich besonders angesprochen fühlen. Wichtig ist, dass diese auf Sie unterstützend wirken. Sie können den oder die Sätze auf eine Karte schreiben und sie während des Tages immer wieder lesen und verinnerlichen. Wichtig ist, was Sie dabei fühlen. Gerade am Morgen, nach dem Aufwachen ist der Geist sehr aufnahmefähig und empfänglich für solche Suggestionen.

Eine der bekanntesten und grundlegendsten Affirmationen ist die von Emile Coué, dem Begründer der modernen Autosuggestion: «Jeden Tag geht es mir in jeder Hinsicht immer besser und besser.» Sie passt praktisch zu allen Situationen.

Oder noch besser: Kreieren Sie Ihre eigene, ganz persönliche Affirmation, die genau zu Ihrer Situation und Ihren Bedürfnissen passt. Affirmationen sollen möglichst kurz, prägnant, gegenwartsbezogen und in einfacher Sprache sein. In einer Sprache, wie Sie mit sich selbst sprechen. Sie dürfen aber keine Negationen enthalten. «Ich rauche nicht mehr» wäre eine Negation. Das Unbewusste nimmt Negationen nicht auf. Besser würde der Satz lauten: «Ich lebe gesund!»

Zum Schluss noch eine kritische Bemerkung: Wer sich allzu fest und verbissen nur auf seinen persönlichen Erfolg versteift, der bewirkt damit eine psychologische Blockierung. Sie kennen dies vermutlich aus eigener Erfahrung: Wer unter massivem Verkaufsdruck steht, verkauft nichts, und die Negativspirale beginnt sich zu drehen. Oder Sie suchen vergeblich krampfhaft ein Aktenstück. Meistens kommt es ganz unverhofft wieder zum Vorschein, wenn man mit Suchen aufgehört hat. Aus der Sicht der Polarität ausgedrückt, heisst dies: Im Erfolg steckt bereits der Keim des Misserfolges. Wer sich zu stark nur auf den positiven Pol fokussiert, provoziert den negativen.

· ·

«Er sucht nicht dem Glück zuvorzukommen noch dem Unglück zu begegnen.»

Dschuang Dsi, Buch XV
Übersetzung Richard Wilhelm

· ·

Schlussbetrachtung

Der wesentliche Unterschied zwischen dem herkömmlichen und dem Feng Shui-Makler besteht darin, dass Letzterer beide Teile, das Yin wie auch das Yang, umfassend lebt.

Der Westen hat in den letzten paar Jahrhunderten, insbesondere auch durch die Kirche, den weiblichen Pol (Yin) ausgemerzt. Alles, was nicht auf der Linie der Kirche lag, wurde buchstäblich ausgerottet. Die Inquisition und Hexenverfolgung sind traurige Beispiele dafür. Man gab vor, dass diese Personen mit dem Teufel im Bunde stünden. Letztlich hatten diese jedoch ein schamanistisches und magisches Wissen und einen andern Zugang zur Natur und zum Körperlichen. In der Epoche der Aufklärung, in der das Denken und die Vernunft im Vordergrund standen, vertrat man die Ansicht, dass die Vernunft im Stande sei, die Wahrheit ans Licht zu bringen. Die letzten Dinge können aber nie mit dem Verstand erfasst werden, denn der Verstand ist beschränkt. All diese Entwicklungen schnürten den Zugang zu unseren Gefühlen, zur Intuition, zu unserem Körper und zur Natur ab. Und auch das alte Wissen der westlichen Geomantie versickerte.

«Ganzheitlich» bedeutet eben, dass beide Teile in die Arbeit integriert werden: Verstand und Intuition. Nur so können wir einen neuen Bezug zur Umwelt und zur Natur bekommen und eine Verbundenheit spüren. Wir müssen wieder ein Mitgefühl entwickeln. Je mehr wir nur auf uns selbst fokussiert sind, umso weniger ist dies möglich.

Es gilt also, eine andere Art von Denken wiederzuentdecken: das analoge, symbolische Denken. Alles ist Kommunikation, alles spricht zu uns und gibt uns Informationen. Auch müssen wir ein anderes Gefühl für die Zeit entwickeln, nicht in quantitativer, sondern in qualitativer Hinsicht. Wie uns schon das Buch Kohelet (Prediger Salomon) lehrt: «Für alles ist eine Zeit …»

Die 15 häufigsten Fragen

Oft werden im Zusammenhang mit Feng Shui immer wieder dieselben oder zumindest ähnlichen Fragen von den Immobilien-Profis gestellt. Hier die Antworten zu den häufigsten Fragen:

1) Um ein Haus nach Feng Shui-Prinzipien zu bauen, brauche ich einen speziellen Architekten dazu?

Man braucht nicht unbedingt einen Architekten, der eine Feng Shui-Ausbildung absolviert hat. Sie brauchen einen qualifizierten Feng Shui-Berater, der mit dem «konventionell» arbeitenden Architekten zusammenarbeitet. Als Bauherr müssen Sie aber klar den Wunsch äussern, dass Sie einen solchen Fachberater möchten. In der Regel sträuben sich die Architekten dagegen.

2) Welche Vorteile habe ich als Immobilienproduzent, wenn ich nach Feng Shui-Prinzipien baue?

Einerseits würde ein Promotor dadurch die Bedürfnisse eines Käufersegmentes befriedigen, dem eigentlich bis heute noch keiner gerecht wurde. Andererseits würde die Marktfähigkeit gesteigert, sei es in der Vermietung, aber auch im Verkauf. Mit dem marktgerechten Angebot könnte sich der Promotor klar von der Konkurrenz abheben. Auch der damit geschaffene PR-Effekt ist nicht ausser Acht zu lassen.

3) Ab welchem Zeitpunkt sollte ich als Immobilienproduzent einen Feng Shui-Berater beiziehen?

Den grössten Nutzen einer Feng Shui-Beratung zieht man bei Projektbeginn, d.h. bereits beim Grundstückserwerb, wenn die Analyse des Standortes und des Grundstückes vorgenommen wird. Je früher der Berater beigezogen wird, desto besser und effektiver ist es.

4) Ergeben sich Mehrkosten, wenn ich nach den Feng Shui-Prinzipien baue?

In der Regel sollte die Feng Shui-Bauweise keine wesentlichen Mehrkosten verursachen. Letztlich hängt es aber immer von den Wünschen des Bauherrn ab.

5) Spare ich durch Feng Shui-Bauweise Energiekosten?

Nicht unbedingt, denn im Feng Shui wird das Schwergewicht nicht zwangsläufig auf energiesparende Massnahmen gelegt, obwohl die Bauökologie befürwortet wird. Das Augenmerk wird auf die Raumatmosphäre gerichtet, was auf das subjektive Raumklima Einfluss nimmt (psychologische Wärme). Beim Energiesparen geht es vor allem um die Optimierung der Wärmedämmung und die Minimierung des Energiebedarfs (z.B. Nullenergie-Haus).

6) Warum soll ich nach Feng Shui-Prinzipien bauen, wenn ich ohnehin meine Anlageobjekte bereits vor Baubeginn verkaufen kann?

Diese Einstellung kann man natürlich haben. Viele institutionelle Anleger erwerben ihre Anlageobjekte schon während der Bauphase oder nach Eintreffen der Baubewilligung. Es geht aber um die Marktfähigkeit des Objektes. In der Regel lassen sich gute Feng Shui-Objekte besser vermieten. Und ein ganz wichtiger Aspekt: die Kundenbindung! Die Mieter bleiben in einer guten Wohnung einfach länger. Warum einen Wohnungswechsel vornehmen, der immer mit Kosten verbunden ist, wenn es einem gefällt? Den Nutzen hat also in erster Linie der Anleger, aber auch der Promotor profitiert indirekt: Seine Objekte unterscheiden sich dadurch, dass sie marktfähiger sind.

7) Was ist der Hauptnutzen für einen Käufer eines Feng Shui-Hauses?

Der Käufer eines Feng Shui-Hauses hat mehrere Vorteile: Einerseits wohnt er in einem harmonischen Haus, was sicherlich Einfluss auf seine Befindlichkeit hat. Wenn der Betreffende sein Haus später einmal veräussern will, was in unserer Zeit immer häufiger wird, profitiert er von seiner besseren Verkäuflichkeit. Aber auch im Vermietungsgeschäft bringt es Vorteile: Die Mieter verbleiben in der Regel länger im Objekt.

8) Um Feng Shui betreiben zu können, muss ich dazu meine Lebensweise umstellen?

Nein, die Lebensweise muss nicht umgestellt werden, um Feng Shui zu leben. Wer sich jedoch intensiv mit Feng Shui beschäftigt, wird sich nicht nur mit der Raum-, sondern auch mit seiner Lebensgestaltung auseinandersetzen. Durch das bewusstere Wahrnehmen des Umfeldes kann sich auch die Einstellung zum Leben und zur Natur ändern.

9) Ist Feng Shui bei allen Objekten anwendbar?

Ja, Feng Shui kann bei allen Objektarten angewendet werden, sei es bei Wohn- oder Gewerbebauten, Hotels, Spitälern, Shoppingcentern oder Fabriken. Je nach Nutzungsart werden jedoch andere Schwerpunkte gelegt, d. h., es werden nutzungsgerechte Massnahmen getroffen.

10) Wie ist die Zusammenarbeit zwischen einem Architekten und einem Feng Shui-Berater?

Die Zusammenarbeit mit Architekten ist leider noch nicht so ausgeprägt, obwohl sehr erwünscht. Vielleicht bestehen hier noch vonseiten der Architekten Berührungsängste und Konkurrenzdenken, obwohl es eine ideale Ergänzung wäre. Die Kundenwünsche sowie eine gute Lösung sollten jedoch im Vordergrund stehen.

11) Was versteht man eigentlich konkret unter Feng Shui?

Feng Shui versucht, Innen- sowie Aussenräume so zu gestalten, dass sie auf den Menschen positiv wirken, sein Potenzial unterstützen und fördern. Somit ist die Feng Shui-Architektur ausgesprochen humanistisch.

12) Kann jeder nach Feng Shui bauen und einrichten, auch wenn man keinen Bezug zur chinesischen Kultur hat?

Beim europäischen Feng Shui muss man nicht Anhänger der chinesischen Kultur sein. Ein guter Feng Shui-Berater berücksichtigt den Stil und Geschmack der Kunden und baut so sein Konzept auf. Gutes Feng Shui zeigt sich nicht offensichtlich, sondern man spürt die positive Atmosphäre.

13) Wie entstand eigentlich das Feng Shui?

Feng Shui basiert vor allem auf Naturbeobachtung, Erfahrung und Intuition. Zudem liegt ihm das taoistische Denken zugrunde: Harmonie, keine Extreme, Humanismus. Ursprünglich wurde das Feng Shui bei den Friedhofanlagen angewandt und erst später bei den Wohn- und Geschäftsbauten.

14) Wo sind die Anwendungsbereiche des Feng Shui?

Die Anwendungsbereiche sind sehr vielfältig. Die Einflussnahme ist natürlich bei Neubauprojekten am grössten. Aber auch bei bestehenden Bauten kann man schon vieles erreichen. Die Anwendungen liegen also bei der Architektur, Innenarchitektur, Möblierung, Dekoration und Farbgestaltung. Überdies lässt sich auch bei der Umgebungsgestaltung allerhand unter Feng Shui-Gesichtpunkten konzipieren. Selbst die Standort- und Grundstückanalyse wird Feng Shui-mässig durchleuchtet. Einzug hielt Feng Shui auch in der Grafik und Logoentwicklung. Es gibt sogar Küchenbauer und Möbelschreiner, die ihre Arbeiten unter diesen Prinzipien herstellen.

15) Im Zusammenhang mit Feng Shui hört man immer wieder den Begriff «Chi» (oder Qi)? Was bedeutet er?

«Chi» ist ein Begriff, der sich nicht übersetzen lässt. Man könnte ihn aber am ehesten mit Lebens-Energie übersetzen. Auch andere Kulturen kennen diesen Begriff. So ist es in Indien das «Prana», in Japan das «Ki» usw. Mit dieser Energie arbeitet der Feng Shui-Berater. Ziel ist es, dieses Chi in die Räume zu bringen, es optimal zu verteilen, damit sich die Menschen wohlfühlen. Moderne Physiker wie Niels Bohr oder Fritjof Capra vergleichen das Chi mit dem Quantenfeld.

Epilog

Willst du heiligen Raum bewohnen?
Dich der Hochachtung und der Gesellschaft der
höchsten geistigen Wesen erfreuen?
Beschützt werden von den Wächtern der acht
mächtigen Energiestrahlen?
Dann pflege den Weg zur Vollkommenheit.
Begegne seinen Lehren mit Verehrung,
setze seine Wahrheiten in die Tat um
und erkläre sie auch anderen.

Du wirst so viele Segnungen aus dem Universum
erhalten, wie es Sandkörner im Fluss der Zeitlosigkeit
gibt.

Laotse zugeschrieben
Aus: «Dies sagte Laotse: die unbekannten Lehren des Hua-hu-ching», Vers 12
						Von Brian Walker

«Ein Geomant spürt das Chi. Das ist das ganze Feng Shui.»
				Sarah Rossbach, amerikanische Feng Shui-Beraterin

Hoffnung

«Nichts auf der Welt ist so mächtig wie eine Idee, deren Zeit gekommen ist.»
Victor Hugo, französischer Schriftsteller, 1802–1885

Es ist zu hoffen, dass die Architektur wieder zu dem wird, was sie einmal war: eine Unterstützung der Menschen, die darin wohnen und arbeiten. Die heutige Architektur wird mehrheitlich zur Skulptur, die mediengerecht in Szene gesetzt wird und der Vermarktung der eigenen Person dient. Grosse Namen werden zu Architekturwettbewerben von Firmen und der öffentlichen Hand eingeladen. Dabei wird bei deren Projekten oft nicht hinterfragt, ob die Bauten auch nutzungsgerecht sind. Das Medienspektakel steht im Vordergrund. Ich möchte der Hoffnung Ausdruck geben, dass die Produzenten zur Rückbesinnung kommen und sich des wahren Sinnes des Raumes bewusst werden: die Unterstützung des Menschen in seinem Sein.

Einen neuen Weg gehen braucht immer Mut. Aber vor dem Mut steht die Erkenntnis, das Hinterfragen des Bestehenden. Danach braucht es eine Entscheidung, das Erkannte auch umzusetzen. Oder mit Goethes Worten ausgedrückt: «Es ist nicht genug zu wissen, man muss es auch anwenden. Es ist nicht genug zu wollen, man muss es auch tun.»

Wenn das vorliegende Buch einen kleinen Beitrag zur kritischen Auseinandersetzung geleistet hat, so hat es seinen Zweck erfüllt. Sicherlich wäre es erfreulich, wenn das vorhandene Werk zudem auch noch ein wenig zur Humanisierung der Architektur beitragen würde und die Immobilienwirtschaft dadurch einen respekt- und verantwortungsvolleren Umgang mit der Natur und der Umwelt lernt.

Dank

Für das Zustandekommen eines Buches sind viele Personen verantwortlich, stellt es doch die Essenz der bisherigen Erfahrungen dar. Erfahrungen sind Aufgabestellungen und Fragen. Einsichten erhält man durch das Tun, denn nur der «Täter» lernt. Somit gilt der Dank in erster Linie meinen Kunden und Kundinnen. Schwierige Rahmenbedingungen fördern bekanntlich die Kreativität, und es finden sich Lösungen, an die man nie gedacht hätte.

Aber auch meinen Feng Shui- sowie Marketing-Studenten und -Studentinnen (im Feng Shui gibt es mehrheitlich Studentinnen) gebührt der Dank. Ihre immer wieder kritischen Fragen führten zu Überlegungen, die ich sonst nicht angestellt hätte.

Das theoretische Fundament verdanke ich meinen unzähligen Lehrern, die hier einfach nicht alle aufgeführt werden können.

Auch möchte ich meinen Dank dem Orell Füssli Verlag aussprechen, der bereit war, mein zweites Buch zu veröffentlichen. Er hatte den Mut, ein neues, umstrittenes Thema zu verlegen. Somit trägt der Verlag indirekt dazu bei, einen echten Diskussionsbeitrag über die Wechselwirkung zwischen Raum und Mensch zu leisten.

Im Weiteren möchte ich meine Lektorin Frau Regula Walser erwähnen. Ich danke ihr dafür, dass sie immer wieder die Leserperspektive einnahm und mich dadurch zu mehr Klarheit und Verständlichkeit zwang. Mir wurde erst beim Schreiben bewusst, welchen Spagat ich eingegangen war, Feng Shui und Marketing zu synthetisieren. Ich musste zwei riesige Fachgebiete komplett reduzieren und abstrahieren, aber so, dass es für den Leser immer noch verständlich bleibt.

Zuletzt gebührt mein grosser Dank meiner bezaubernden Partnerin Regula Wetter. Durch sie erhalten meine vielen Visionen jeweils Gestalt und nehmen eine konkrete Form an. So auch bei diesem Projekt: Sie hat mir den Raum für das Schreiben geschaffen und mich in meinem Projekt voll und ganz unterstützt. Da sie ebenfalls Feng Shui-Beraterin und zudem Verlegerin der Zeitschrift «Raum & Mensch» ist, war sie meine erste und zudem äussert kompetente Lektorin. Die sehr wertvollen Diskussionen mit ihr, auch während dieses Buch entstand, gaben mir immer wieder neue Impulse und Ideen, wofür ich sehr dankbar bin.

Anhang

Angaben zum Autor

Stefan Kessler
Ganzheitliche Immobilienberatung
Haselächerstrasse 1
CH 8910 Affoltern am Albis
Tel.: ++41 (0)44 760 58 88
E-Mail: stefan.kessler@bluewin.ch
Internet: www.raumundmensch.ch

Der Autor führt ein gleichnamiges Seminar zum Buch durch.

Er ist Mitinitiant der Zeitschrift «Raum & Mensch – Die Zeitschrift für ganzheitliches Bauen und Wohnen»: www.raum-und-mensch.ch

Literaturverzeichnis

Feng Shui und Geomantie

Brönnle Stefan: Das Haus als Spiegel der Seele, Neue Erde, Saarbrücken 2007

Brown Simon: Feng Shui-Berufspraxis. Urania-Verlag, Neuhausen am Rheinfall 2000

Brown Simon: Feng Shui-Lösungen. Arkana-Verlag, München 2001

Brown Simon: Grundkurs Feng Shui. Weltbild-Verlag, Augsburg 2002

Chen Chao-Hsiu: Feng Shui. Heyne-Bücher, München 1996

Frohmann Erwin & Doblhammer Rupert: Schönbrunn – Eine vertiefte Begegnung mit dem Schlossgarten. Ennsthaler GmbH Co. Kg, 2005

Frohmann Erwin: Gestaltqualitäten in Landschaft und Freiraum. Österr. Kunst- und Kulturverlag, 2000

Guex-Joris Daniela + Tasnady Marta: Die Schildkröte erreichte das Abendland. Organischer Landbau Verlag, Xanten 1999

Jordan Harald: Orte heilen. Knaur Menssana, München 2004

Jordan Harald: Räume der Kraft schaffen. Verlag Hermann Bauer, Freiburg im Breisgau 1997

Kessler Stefan: Europäisches Feng Shui für eine neue Wohnkultur, Orell Füssli Verlag, Zürich 2007

Kingston Karen: Feng Shui gegen das Gerümpel des Alltags. Rowohlt Taschenbuch Verlag GmbH, Reinbek 2003

Kingston Karen: Heilige Orte erschaffen mit Feng Shui. Econ-Taschenbuch, München 2000

Lim Jes T. Y.: Feng Shui für Büro und Business. Econ Ullstein List Verlag (Integral), München 2000

Linn Denise: Die Magie des Wohnens. Arkana-Verlag, München 1996

Lipczinsky Margrit & Boerner Helmut: Büro, Mensch und Feng Shui. Callwey Verlag, München 2000

Lipczinsky Margrit & Boerner Helmut: Shop Design für erfolgreiche Läden. Callwey Verlag, München 2001

Mende Gudrun: Farbe und Feng Shui. Callwey-Verlag, München 2004

Moogk Olivia: Feng Shui – Neun erfolgreiche Strategien für Gewinner. Silberschnur-Verlag, Güllesheim 2000

Pennick Nigel: Handbuch der angewandten Geomantie. Verlag Neue Erde, Saarbrücken 2008

Pennick Nigel & Devereux, Paul: Leys und lineare Rätsel in der Geomantie, M&T Edition Astroterra, Chur/St. Gallen/Zürich 1991

Pogacnick Marko: Schule der Geomantie, Knaur Esoterik, München 1996

Pohle Rita: Feng Shui für die Seele. Ariston-Verlag, Kreuzlingen 2005

Pohle Rita: Lebensräume gestalten mit Feng Shui. Heinrich Hugendubel Verlag, Kreuzlingen (Irisiana) 1998

Pohle Rita: Weg damit! Business ohne Ballast – Entrümpeln am Arbeitsplatz. Heinrich Hugendubel Verlag, Kreuzlingen (Ariston) 2002

Prochazka Reinhard: Wenn Wasser und Feuer sich begegnen. Joy-Verlag, Sulzberg 2004

Purner Jörg: Radiästhesie – Ein Weg zum Licht?. Edition Astrodata, Wettswil 1994

Renetzeder Ilse: Feng Shui – Die Liebe kommt durch die Türe. Mein Buch, Hamburg 2003

Renetzeder Ilse: The True Spirit of Feng Shui. Oktogon-Verlag, Düsseldorf 1997

Rossbach Sarah & Yun, Lin: Feng Shui, Farbe und Raumgestaltung. Knaur, München 1996

Rossbach Sarah: Feng Shui – die chinesische Kunst des gesunden Wohnens. Knaur, München 1989

Sator Günter & Meyer Hermann: Besser leben mit Feng Shui. Heinrich Hugendubel Verlag, Kreuzlingen (Irisiana), München 1997

Sator Günter: Feng Shui – Garten für die Sinne. Gräfe und Unzer Verlag, München 2002

Sator Günter: Feng Shui – Harmonisches Wohnen mit Pflanzen. Gräfe und Unzer Verlag, München 2000

Spear William: Die Kunst des Feng Shui. Knaur-Verlag, München 1996

Thompson Angel: Feng Shui in der Praxis. Edition Astroterra, Wettswil 1997

Too Lillian: Das grosse Buch Feng Shui. Könemann-Verlag, Köln 2000

Too Lillian: Das grosse Buch des Feng Shui. Delphi bei Droemer Knaur, München 1998

Walters Derek: Feng Shui – Kunst und Praxis der chinesischen Geomantie. Edition Astrodata, Wettswil 1994

Immobilien-Marketing

Bolliger Roman H. + Ruhstaller Bernhard: Immobilien-Marketing. Acasa Immobilien-Marketing, Glattbrugg 2004

Falk Bernhard: Das grosse Handbuch Immobilien-Marketing, Verlag Moderne Industrie, Landsberg/Lech 1997

Kippes Stephan: Professionelles Immobilienmarketing. Verlag Vahlen, München 2001

Nielen Klaus D.: Immobilien-Marketing. Klaus Nielen Institut, Düsseldorf 1996

Marketing und Verkauf

Becker Jochen: Marketing-Konzeption, Verlag Vahlen, München 1998

Diller Hermann (Hrsg.): Vahles grosses Marketinglexikon, Verlag Beck/Verlag Vahlen, München 1992

Hirt Thomas (Red.): Grundwissen Marketing für MarKom. Compendio Bildungsmedien, Zürich 2007

Kotler Philip: Marketing-Management, Poeschel-Verlag, Stuttgart 1980

Kotler Philip, Haider Donald, Rein Irving: Standort-Marketing. Econ-Verlag, Düsseldorf 1994

Levinson Jay Conrad: Guerilla-Marketing. Campus-Verlag, Frankfurt/Main 1992

Magyar Kasimir M.: Das Marketing-Puzzle und wie man es sinnvoll zusammensetzt. Verlag Moderne Industrie, Landsberg/Lech 1991

Magyar Kasimir M.: Marketingweisheiten und Marketingbosheiten. Verlag Moderne Industrie, Landsberg/Lech 1991

Mc Donald Malcom: Der Marketingplan. Ueberreuter, Wien 1991

Meffert Heribert: Marketing-Management, Gabler Verlag, Wiesbaden 1994

Michel Stefan: Marketingkonzept. Compendio Bildungsmedien, Zürich 2007

Olbrich Rainer: Marketing. Springer-Verlag, Berlin, Heidelberg 2006

Putman Anthony O.: Marketing für Ihre Dienstleistungen. Campus-Verlag, Frankfurt/Main 1992

Seiler Armin: Marketing, Orell Füssli Verlag, Zürich 2000

Tracy Brian: Verkaufsstrategien für Gewinner, Gabler Verlag, Wiesbaden 1996

Wehrli Hans Peter: Marketing, WWC-AG, Wetzikon 1990

Weinhold-Stünzi Heinz: Marketing in zwanzig Lektionen. Fachmed-Verlag, St. Gallen 1988

Management

Hickmann Craig R., Silva Michael A.: Der Weg zu Spitzenleistungen. Goldmann-Verlag, München 1986

Hoffman Kay: Das Tao-Modell des Selbstmanagements. Bacopa Verlag, Schiedlberg 2004

Jahrmarkt Manfred: Das TAO-Management. Haufe Verlag, Freiburg im Breisgau 1991

Mann Rudolf: Das visionäre Unternehmen. Gabler Verlag, Wiesbaden 1990

Mann Rudolf: Das ganzheitliche Unternehmen, Scherz Verlag, Bern, München, Wien 1989

Peters Thomas J., Waterman Robert H.: Auf der Suche nach Spitzenleistungen. Verlag moderne Industrie, Landsberg/Lech 1984

Ritskes Rients: Der ZenManager. Heinrich Hugendubel Verlag, Kreuzlingen 2001

Ritskes Rients: Zen für Manager. Diedrichs Verlag, München 1993

Schwanfelder Werner: Laotse für Manager. Campus Verlag, Frankfurt/Main 2007

Tracy Brian: Thinking Big, Gabal Verlag, Offenbach 1998

Philosophie

Anthony Carol K. & Moog Hanna: I Ging – das Kosmische Orakel. Atmosphären-Verlag, München 2004

Bauer, Wolfgang: Geschichte der chinesischen Philosophie, Verlag C.H. Beck, München 2001

Blofeld John: Das Geheime und Erhabene. Otto Wilhelm Barth Verlag, München 1974

Boldt Laurence G.: Das Tao der Fülle. Joy-Verlag, Sulzberg 2001

Capra Fritjof: Das Tao der Physik. Knaur-Verlag, München 1997

Cooper J. C.: Der Weg des Tao. Rowohlt Taschenbuch Verlag, Reineck bei Hamburg 1996

Dschuang Dsi: Das wahre Buch vom südlichen Blütenland, übertragen und erläutert von Richard Wilhelm. Eugen Diederichs Verlag, Düsseldorf/Köln 1969

Edde Gérard: Das Tao-Handbuch. Windpferd Verlagsgesellschaft, Edition Schneelöwe, Aitrang 2004

Gan Shaoping: Die chinesischen Philosophie: die wichtigsten Philosophien, Werke, Schulen und Begriffe. Primus Verlag, Darmstadt 1997

James Andy: Geheimnis Shaolin. Lotos Verlag, München 2005

Karcher Stephen: Das I Ging. Aurum-Verlag, Bielefeld 2004

Laotse: Tao te King, übersetzt von Richard Wilhelm. Anaconda Verlag, Köln 2006

Liä Dsi: Das wahre Buch vom quellenden Urgrund, übertragen und erläutert von Richard Wilhelm. Eugen Diederichs Verlag, Düsseldorf 1967

Linck Gudula: Yin und Yang. Beck Verlag, München 2000

Rollé Dominik F.: Simpl I Ging. AT Verlag, Aarau 2002

Schmidt Karl Otto: Tao-Teh-King – Weg-Weisung zur Wirklichkeit. Drei Eichen Verlag, Ergolding 1990

Schwarz Ernst: So sprach der Meister – Altchinesische Lebensweisheiten. Weltbild Verlag, Augsburg 1998

Störing Hans Joachim: Kleine Weltgeschichte der Philosophie. Fischer Taschenbuchverlag, Frankfurt/Main 2006

Suzuki Daisetz Teitaro.: Die grosse Befreiung. Barth Verlag, Weilheim (Obb) 1972

Tschuang-Tse: Der Mann des Tao und andere Geschichten, übertragen von Thomas Merton. Goldmann Arkana, München 2005

Tschuang-Tse: Reden und Gleichnisse des Tschung-Tse. Ausgewählt und mit einem Vorwort von Martin Buber. Insel Taschenbuch, Leipzig 1976

Van Osten René: Das grosse I Ging Lebensbuch. Windpferd Verlagsgesellschaft, Aitrang 1997

Walker Brian: Dies sagte Laotse: die unbekannten Lehren des Hua-hu-ching. Aurum-Verlag, Braunschweig 1955

Watts Alan: Das Tao der Philosophie. Insel Taschenbuch, Frankfurt/Main 2004

Watts Alan: Der Lauf des Wassers. Insel Taschenbuch, Frankfurt/Main 2003

Wilhelm Richard/Jung C.G.: Geheimnis der goldenen Blüte. Heinrich Hugendubel Verlag, Kreuzlingen, München 1986

Wilhelm Richard: I Ging – das Buch der Wandlungen. Heinrich Hugendubel Verlag, Kreuzlingen (Diederichs), München 1988 oder Marixverlag, Wiesbaden 2004

Wilhelm Richard: Chinesische Philosophie. Marixverlag, Wiesbaden 2007

Yen Mah, Adeline: Das Spirituelle Wissen Chinas. Albatros, München 2003

Yutang Lin: Weisheit des lächelnden Lebens. Insel Taschenbuch, Frankfurt/Main 2004

Zimmermann Georg: I Ging – Das Einführungsbuch. Heinrich Hugendubel Verlag, Kreuzlingen 1999

Zimmermann Georg: I Ging – das Buch der Wandlungen. Patmos Verlag, Düsseldorf 2007

Psychologie/Soziologie

Flade Antje: Wohnen – psychologisch betrachtet. Hans Huber Verlag, Bern 2006

Funke Dieter: Die dritte Haut: Psychoanalyse des Wohnens. Psychosozial-Verlag Giessen 2006

Gigerenzer Gerd: Bauchentscheidungen. Bertelsmann Verlag, München 2007

Jacobi Jolande: Vom Bilderreich der Seele. Walter-Verlag, Olten 1981

Jacobi Jolande: Die Psychologie von C.G. Jung. Buchclub Exlibris, Zürich 1971

Jung Carl Gustav: Mensch und Seele. Buchclub Ex Libris, Zürich 1971

Jung Carl Gustav: Der Mensch und seine Symbole. Buchclub Ex Libris, Zürich 1976

Jung Carl Gustav: Über Synchronizität. Buchclub Ex Libris, Zürich 1971

Jung Carl Gustav: Erinnerungen Träume Gedanken. Buchclub Ex Libris, Zürich 1976

Richter Peter G.: Architekturpsychologie. Eine Einführung. Lengerich, Pabst Science Publishers, 2004

Schäfers Bernhard: Architektursoziologie, Grundlagen – Epochen – Themen. VS Verlag für Sozialwissenschaften, Wiesbaden 2006

Seligman Martin E.P.: Pessimisten küsst man nicht. Droemer Knaur Verlag, München 2001

Architektur

Beltramin Guido & Padoan Antonio: Andrea Palladio – Bildatlas zum Gesamtwerk. Hirmer Verlag, München 2002

Böhme Gernot: Architektur und Atmosphäre. Wilhelm Fink Verlag, München 2006

Botton de Alain: Glück und Architektur: Von der Kunst, daheim zu Hause zu sein. S. Fischer Verlag, Frankfurt/Main 2008

Charpentier Louis: Die Geheimnisse der Kathedrale von Chartres. Gaia Verlag, Köln 1998

Cohen Jean-Louis: Le Corbusier. Taschen-Verlag, Köln 2004

Crippa Maria Antonietta: Antoni Gaudi. Taschen-Verlag, Köln 2003

Glancey Jonathan: Geschichte der Architektur. Dorling Kindersley Verlag, Starnberg 2006

Fingerhuth Carl: Leraning from China – Das Tao der Stadt. Birkhäuser, Basel 2004

Forssman Erik: Palladio – Werk und Wirkung. Rombach Verlag, Freiburg im Breisgau 1999

Lamers-Schütze Petra (Hrsg): Architektur-Theorie – von der Renaissance bis zur Gegenwart. Taschen-Verlag, Köln 2006

Naredi-Rainer Paul: Architektur und Harmonie. DuMont Buchverlag, Köln 1982

Rybczynski Witold: Das vollkommene Haus. Berliner Taschenbuch Verlag, Berlin 2006

Tietz Jürgen (Hrsg.): Was ist gute Architektur? 21 Antworten. Deutsche Verlags-Anstalt, München 2006

Zumthor Peter: Architektur Denken. Birkhäuser, Basel 2006

Astrologie

Cozzi Steve: Die Astrologie des Standortes. Chiron Verlag, Mössingen 1993

Dahlke, Rüdiger + Klein, Nicolaus: Das senkrechte Weltbild, Heinrich Hugendubel Verlag, München 1992

Hamann Brigitte: Die zwölf Archetypen: Tierkries und Persönlichkeitsstruktur. Knaur-Taschenbuch, 1991

Lewis Jim & Guttman Ariel: Astro*Carto*Graphy Atlas. Edition Astrodata, Wettswil 1990

Lewis Jim & Irving Kenneth: Astro*Carto*Graphy: Die Magie des Ortes. Edition Astrodata, Wettswil 1999
Sullivan Erin: Angewandte Astro*Carto*Graphy. Chiron Verlag, Tübingen 2002
Walters Derek: Chinesische Astrologie. Edition M&T Edition Astroterra, Zürich 1990
Walters Derek: Ming Shu – Kunst und Praxis der chinesischen Astrologie. Edition M&T Edition Astroterra, Zürich 1987

Nachschlagewerke/Lexika
Beuchert Marianne: Symbolik der Pflanzen. Insel Verlag, Frankfurt/Main 1995
Biedermann Hans: Knaurs Lexikon der Symbole. Weltbild-Verlag, Augsburg 2000
Eberhard Wolfram: Lexikon chinesischer Symbole. Buchclib Ex Libris, Zürich 1985
Guter Josef: Lexikon der Götter und Symbole der alten Chinesen. Matrixverlag, Wiesbaden 2004
Heinz-Mohr Gerd: Lexikon der Symbole (Christliche Kunst). Buchclub Ex Libris, Zürich 1982
Lexikon der östlichen Weisheiten, Albatros, Düsseldorf 2005
Lurker Manfred: Wörterbuch der Symbolik. Alfred Körner-Verlag, Stuttgart 1983
Prignitz Eva & Petra Ruf: Das Feng Shui-Lexikon. Ludwig-Verlag, München 2001

Diverse
Chia Mantak: Gesundheit, Vitalität und langes Leben. Ullstein Verlag 2004
Chia Mantak: Tao Yoga: Eisenhemd Chi Kung. Heyne Verlag, München 2005
Eco, Umberto: Einführung in die Semiotik. W. Fink UTB, München 2002
Jecklin Hans, Köhler Martina: Wirtschaft wozu? Abschied vom Mangel. Edition Spuren, Winterthur 2003
Linn Denise, Linn Meadow: Praxisbuch Vision Quest: Selbstfindung in der Einsamkeit der Natur. Lüchow Verlag, Berlin 2003
Silva José, Stone Robert: Die Silva-Mind-Control-Methode für Führungskräfte.

Heyne-Verlag, München 1990

Smith Adam: Wohlstand der Nationen, Deutscher Taschenbuch Verlag, München 1996

Links

www.wikipedia.org

Das Tao Te King von Lao Tse; Textvergleiche:
http://home.pages.at/onkellotus/Menu/TextVergleichIndex.html

Lao Tse: Tao Te King, Neufassung und Nachdichtung von Kirchner Bodo: Salzburg 2000:
http://gutenberg.spiegel.de/laotse/taotekin/taotekin.htm

Weitere Titel aus dem Orell Füssli Verlag

Stefan Kessler

Europäisches Feng Shui für eine neue Wohnkultur

Zwischen Tiger und Drache grast die Kuh

Bei der Verbindung von West und Ost, von europäischer Wohnkultur und Feng Shui geht es um weit mehr, als bloss Möbel zu verschieben und Kristalle aufzuhängen. Stefan Kessler, Feng Shui-Berater mit langjähriger Erfahrung als Immobilien-Treuhänder, vermittelt einen praxisorientierten Einblick in die aktuellen Strömungen.

Dieser Band zeigt auf einprägsame Weise die Parallelen von asiatischer und europäischer Architektur sowie die Gemeinsamkeiten von Feng Shui und westlichen Disziplinen wie Wohnpsychologie, Geomantie, Harmonik, Astrologie usw. Der Autor stellt dabei die Grenzen des traditionellen Feng Shui fest und plädiert überzeugend für ein europäisches Feng Shui.

Im ausführlichen Praxisteil gibt das Buch Tipps zu Themen wie Fassade, Farbkonzept, Material oder Umgebungsgestaltung. Eigene Kapitel sind den Themen Neumöblierung, Renovation und Umbau gewidmet – aber auch Räumen und Entrümpeln dürfen nicht fehlen.

176 Seiten, broschiert, zahlreiche Abbildungen

ISBN 978-3-280-05246-4

orell füssli Verlag

Michael Brückner

Nobel Drinks

Edle Spirituosen vom Genuss zur Kapitalanlage

Die Anlagestrategen haben das hochprozentige Potenzial von Nobel-Getränken entdeckt. Die rund um die Welt wachsende Nachfrage nach Edel-Spirituosen wie Cognac und Whisky ist gemäss Finanzexperten offensichtlich. Gefragt ist vor allem, was Prestige verheisst und teuer ist. Ähnlich wie bei kostbaren Uhren hat sich bereits ein Fälschermarkt gebildet.

Der Autor stellt die elf begehrtesten Nobel-Getränke vor. In kurzweiligen Produktporträts erfahren kultivierte Spirituosenliebhaber das Wichtigste über Herstellung, Genuss und Anlagestrategie. Anhand von Erzeugnissen, die sich jeder qualitätsbewusste Geniesser leisten kann, werden Analogien zum Finanzmarkt und zur Börse aufgezeigt sowie der Aspekt einer eventuellen Kapitalanlage beleuchtet. Vorgestellt werden Armagnac, Champagner, Cognac, Grappa, Nobelliköre, Obstbrände, Portwein, Rum, Tequila, Whisky, Wodka.

192 Seiten, gebunden

ISBN 978-3-280-05307-2

orell füssli Verlag